生活中的巧思与发现笔记 1

今天也要用心过生活

松浦弥太郎

湖南人民出版社

浦睿文化 出品

CONTENTS

目录

CHAPTER ONE

1

健康的早餐

调整自己，打好生活的根基

CHAPTER TWO

2

上乘的午餐

逆风强的时候，
更有自己在前进的真实感

CHAPTER THREE

3

圆融人生的香料

要懂得生活的智慧与乐趣

CHAPTER FOUR

4

平和的晚餐

每一个今天，都要过得很用心

前言

起床后的深呼吸

小时候，我们看到什么都会发问。

“为什么小狗会摇尾巴？”

“因为它觉得高兴，所以摇尾巴。”

大人回应后，小孩又不断抛出新问题。

“小狗为什么高兴呢？”

“能和大家在一起，天气又这么棒，它当然高兴了。”

“那为什么和大家在一起，天气棒，它就高兴？”

你是否也曾这样问个不停，让大人头疼？

人总会长大，会在不知不觉间从“发问一方”转变为“被质问一方”。虽然解惑是“大人的任务”，却总教人有些落寞。

然而，要永远保持问“为什么”的好奇心，非常困难。

当你脸上一旦习惯了大人的表情，每天的生活就只剩下日复一日地单调重复。

“大概就是这么回事。”不深入思考，将一切囫囵吞枣。

“反正，还不是这一套。”嘴上这么说着，什么事都敷衍对付。

然而这样的日子过久了，人的心立刻就会变得像放了两三天的面包，硬邦邦的。身体随着年岁衰老很自然，可是心不同。心如果也变硬了，是件很悲哀的事。

在看不到的地方也保持天真——我认为这就是让生活保持新鲜的方法。“没有成长也没关系，只希望常保新奇。”这是我对自己的期许。

长大成人后，仍能保有像孩子一样的好奇心，该是多棒的一件事。小时候那些异想天开的问题，若能自己探究，想必会得到无穷尽的发现吧。

我想，这时解答就不再是“大人的任务”，而是“大人的乐趣”，甚至可以说是“生活的目的”。

本书蕴藏着的，便是借由发问“为什么”，使每天都不同寻常的窍门。我试举了许多例子，说明如何与生活中的一件件大小事面对面，一一深思，不只是用脑袋，而是以自己的全身心来认真对待。

我还介绍了几个自己的做法，分享我是如何让因忙乱的社会生活和人际关系而失焦的心，矛头能始终对准自己。

我曾高中辍学，去美国旅行。回国后一边干些体力工作一边在路上卖书。现在的我经营书店、写稿、担任《生活手帖》的总编辑。我的角色可以说是往好的方向大大地转变了。

不过，正因为我一直保持着问“为什么”的好奇心，即便角色有所变化，我还是原来的我。

用心为每个提问寻找答案，生活中便处处可见巧思与发现。能像品尝美食，或是喝一杯让人放松身心的热茶一样品味每一天，这就是幸福。

CHAPTER ONE

1

健康的早餐

调整自己，打好生活的根基

每天“自我改造”

“自我改造”也就是自己发现问题、思考答案的一门“独学”，要保持每天都学习一项新事物的心境。

再渺小、再微乎其微也罢，“喜悦”总是越多越好。我正是抱着这种心情，迎来每个早晨。

一天之中只要累积无数微小的喜悦，人就会不由自主地感到幸福。只要这样的日子持续到来，人生在世就乐趣无穷。

而我保持喜悦的方法，就是“自我改造”。

“自我改造”所指的，绝不是被人指着鼻子说“去做！”的事。

也不是硬逼自己“不得不去做”的事。

工作上的事也行，每天生活中的小事也未尝不可，“如果学会这件事，一定很棒、很好玩。一定能有新的收获！”

准备几项这样的小企划，然后花心思去实现，全心投入挑战，并一一完成，这才是“自我改造”的真正用意。

换句话说，“自我改造”也就是自己发现问题、思考答案的一门“独学”。要保持每天都学习一项新事物的心境。

要学新事物，必定要下工夫，要去发现。也因为没有老师，得独力完成，过程会比较辛苦，不过这就是挑战的乐趣所在。

举例来说，“泡出美味的花草茶”是我的自我改造计划之一。喝花草茶，是我早上的习惯。

日本茶、红茶、中国茶，不管是哪一种，随便一冲和仔细冲泡的成果截然不同。

把泡茶当作早上的例行公事，随便用热水冲一冲，喝了一口发现不对味，将大半剩下——即便如此，对生活也不会造成损害。

但若把“泡出美味的花草茶”的计划，当作“自我改造”来认真对待，又会怎样呢？泡茶的五分钟，转变成巧思与发现的时刻，每天的生活也会多一份充实。

“今早的茶太浓了”，有时难免会有这样的失误，那也没关系，计划本就伴随着失误，而从中必定会有收获。

“太好了，调整热水温度，香味就出来了。”随着失败的经验累积，总能找到改进的方法，也能增长自信。

“泡出美味花草茶的方法”——对我而言，这就是了不起的“创新”。

“不过就是泡茶嘛”，就算遭人讥笑也别在意，只要你从中有所得，渐渐就能掌握每天的节奏，工作也能顺利推进。

当然，“自我改造”也可以是更大的计划。

像是我自己的改造计划之二，就是“练习吉他”。

具体来说，就是：挑首衷爱的曲子，然后花上二十年左右练习，直到了然于心。像这样的计划，持续时间比较长。

那首曲子我其实已经掌握了。不过距离我心目中“了然于心的状态”还差很远，所以我仍一再地、反复地练习。

我没有要登场表演，也并非想当职业乐手，更没人给我时间限制，只是单纯地希望能一直练习到自己认可为止，这就是“自我改造”。

大型计划虽然比泡好喝的花草茶要花上更多时间，但享受的时间也会相对地被拉长。一想到等我七十岁，有了闲暇或是孤独的时候，如果能轻松地弹奏吉他，一定很快活吧。单是这样想象我就兴奋不已。

想要花时间做好的事，如果一下子就熟练了，反教人怅然若失。

不管是谁，不作任何思考、随波逐流地过日子，都会变得很寂寞。

如果不知道自己为什么而活，那再苦闷不过。

这种时候，只要为自己定下许多“自我改造”计划，就有动力迎接每个新的早晨。

等习惯养成，除了在生活与兴趣上花心思，也试着在工作和人际关系领域“自我改造”吧。如此一来，你就能凭自己的力量，来掌控你的人生。

○请尽可能多想一些“自我改造”计划。

○将计划记在纸上，并放在显眼的地方，时刻提醒自己。

“早安”的功效

如果是让你头疼的对象，不如试着主动接近对方。
如果觉得某人讨厌自己，就主动和那人交谈吧。

有些人总害怕那些容易遇见某个特定人士的时刻，像是上下班的路上或小区丢垃圾的早晨。可能是因为他们担心遇上合不来的死对头吧。

你也有像这样的对象吗？和他在车站检票口偶遇，一起走到公司的短短几分钟都浑身不自在；午休或购物时，会刻意与对方错开出门时间。

不过很奇妙，这种尴尬的感受即便不说出来，也会传染给对方。

“难不成，那人很讨厌我？”一旦你这么想，对方也会有同样的疑问。如此一来，双方都散发出不自在的情绪，相处起来就更尴尬了。在检票口远远地看到对方，便赶紧跑向自动贩卖机好避开，这样的小动作不但折腾人，也挺可悲的。

如果是让你头疼的对象，不如试着主动接近对方。

如果觉得某人讨厌自己，就主动和那人交谈吧。

这也是一种“自我改造”计划，十分值得一试。

我在纽约的时候，曾向二房东租过公寓。

那女孩平时大都留宿男友家，想把房间租给我，赚些零用钱。和酒店比，我更喜欢住公寓，正求之不得。不过自始至终这只是我和她的私人协议，按规定是不允许的，更何况我又是外国人。结果导致每次进出，在入口站岗的管理员总是恶狠狠地瞪我。

“你又不是房客，为什么成天出入这里？”他一定觉得我行迹可疑。即便我向他解释“我借住在朋友家”，他也不为所动。次数一多，我便开始躲着他，偷偷摸摸地出入，到最后进出公寓竟成了一种压力。

虽然只是小事，但因为每天都要经历，影响愈来愈大。若处理不当，这小小的“不自在”可能会引发双方之间的误解，甚至惹出纠纷。

我下定决心，既然无法指望对方自己改变，那就由我主动敞开心胸亲近他吧。某个特别炎热的日子，我去超市买了可乐回来。然后，我对公寓入口的管理员笑了笑，说道：

“你好。看今天特别热，替你买了可乐。”

结果他开心得不得了，频频道谢。自此以后，每天早上我们都从容地互道早安。

我想打动他的不是可乐，而是我主动亲近的心意吧。如此说来，问候就像魔杖，能使人际关系产生戏剧性的转变。

我和管理员虽然有了互打招呼的交情，但并不表示我们成了朋友。和谁都能变成好朋友，当然不太现实。

尽管如此，我的世界确实有了很大的变化。不过是打个招呼，仅凭最基础的礼节，就能维系适意的人际关系——仔细想想，这不是很厉害吗？

只是一句“早安”，竟能消解人与人之间的芥蒂。

就算是合不来的对象，也主动向对方道早安吧。如此一来，不只是对方，就连自己的心情也会改变，早晨的时光也会变得美好。

○不知如何相处的对象，就主动向对方搭话吧。没有人会拒绝想要亲近自己的人。

○即便独处，也把“早安”说出声。接下来的一天，会因此变得闪闪发光。

让自己从容的一小时

我们每天都得面对一连串的时间竞赛，
如果有“一小时的缓冲时间”，就能从焦虑中解放。

比平时提早一小时起床，早晨时间就能悠闲度过。

可以仔细洗脸，从容享用早餐。平常得搭巴士的路程，也能慢慢走。

上班时间是九点十五分，但我平时八点就会到公司。比其他人早到的这一小时，便是属于我自己的时间。早一步起跑，使我能沉着地进行当天的工作。

这段能让我从容工作的时间，再珍贵不过了。自己一个人的工作，我就在其他人还没抵达的时间先完成。如此一来，上班时间一到，就能更好地与陆续到达的同事互动。

我们每天都得面对一连串的时间竞赛，如果不懂时间管理，往往会陷入要把花三十分钟完成的工作赶在十分钟做完的窘境。不过，若有“一小时的缓冲时间”，就能从焦虑中解放。

提早一小时，就等于多了一小时。

有缓冲时间，就能沉着应对。有缓冲时间，就有余力下工夫。

“不如试试看这么做”，若能以这种心态对手头的工作多花点心思，再无聊的工作也一定能找到新乐趣。

提早一小时就能多享受一小时，这么做实在很划得来。

“早一小时就寝，早一小时起床”说得简单，做起来却不容易。但我希望生活中能多一些乐趣和游刃有余，所以即便如此，我仍是循序渐进，尝试在各种场合实行“提早一小时”计划。夏天自不用说，就算是秋冬，我也会实施“自我的夏令时间”。

与其多睡一小时，早起一小时的生活更惬意。

○将闹钟的设定时间提早一小时吧。早晨的一小时，珍贵如金。

○花上一小时，品尝用心烹调的早餐，这才是真正的奢侈。

发现快乐，用心下工夫

越是艰难的处境，
就越应该下工夫制造一些让自己愉悦的契机。

“最近，有遇上什么好玩的事吗？”遇到这样的问题，常有人随意应付：“嗯，好像也没什么。”每当这种时候，我都禁不住为他可惜。因为，乐趣得靠自己去发现。我也相信，快乐是从下工夫中诞生的。

忙得喘不过气、心情烦躁、工作难缠——越是在这种情况下，越应该去挖掘乐趣所在。若不然，压力会像座高山横在眼前，要翻越过去只会痛苦加倍。

体认到这一点，是我在登真正的高山时。为了《BRUTUS》杂志的工作，我走了一遍美国的登山道。目的地是“约翰·墨尔径”（John Muir Trail），走完全程得花上一个月时间。

这条登山步道连接优胜美地山谷（Yosemite Valley），标高三千至四千米，而且沿途会经过数座国家公园，自然环境受到了严密的保护，旅途艰辛。

我向来不喜欢这种没法天天洗漱、自讨苦吃的户外活动，上路前虽然抱着期待，想见识在山上才能看见的风景，但仍是提不起劲。在这种状况下，要如何振奋自己的心情，便是首要的准备工作。

既然这次旅行的主旨是步行，最重要的工具自然是鞋子。因为出发时间在夏季，初春时我特意去了一趟旧金山。在远离市区的山中，有间制鞋铺“Murray Space Shop”，他们做的是全世界最好穿的鞋。

店主人法兰克先生是我的朋友，我告诉他今年夏天的行程，让他用石膏制作登山鞋要用的脚模，然后打道回府。订购之后鞋子会全程手工制作，完工需要一个月。

或许有人会认为我的此举可笑之极，不过是为了一双鞋，居然特地搭飞机到旧金山，租车又开了三小时山路，订了鞋子便回国。朋友也笑我未免太疯狂。

但这双世上绝无仅有、与我的脚掌完全贴合的鞋，成了我这趟严苛的登山路上的护身符。

“他爬山时绝不会为了脚的事烦恼。”

这双鞋是法兰克先生怀着这份心意，使出工匠的看家本领做出来的。穿上后，每踏出一步，都加深了我对他的信赖。

我一边走一边想：“下山后，就去找法兰克先生吧。

告诉他这双鞋是如何忠实地陪伴我，并向他道谢。”请人做鞋——通过这件事，我和法兰克先生一同品尝到了旅行的乐趣。订制登山鞋，在徒步这样一个单调的行为中加进一些让人愉悦的巧思，支持我走完这趟艰辛的路途。

除此之外，我还做了另一项功课，带了一个桧木制的漆碗到山上。

在山上吃饭，往往是使用铝制或铁制餐具吃罐头或冷冻干燥食品。“大抵如此”，一旦接受现状，对吃饭这件事就不会有期待，往往也食不知味。因此，那时我灵机一动，决心要带个轻巧、上好的碗上山。

我曾听人说，以前真正高级的碗都是桧木制的。然而，在桧木上加工需要手艺人高超的技巧，如今坊间贩卖的碗，就算是高级品，也是以榉木而非桧木制成的。

“有没有师傅能帮我用桧木做出以前那种碗呢？”

我拼命调查，总算找到一位师傅，一直坚持延用古法制作桧木碗。听说从前和尚不管是吃饭或喝茶，都是用同一个碗。我也带着“要用上一辈子”的心情，请师傅帮我做了一个上好的碗。第一次使用，我就决定要带到山上。我很好奇：

“席地而坐，用最高级的碗，不知道饭吃起来是什么味道？”

果不其然，后来在山中使用桧木漆碗和汤匙所喝到的汤，风味绝佳。

越是艰难的处境，就越应该下工夫制造一些让自己愉悦的契机。不管是公事还是日常生活，只要有好奇心，都能度过生活为我们设置的种种障碍。用不着特意上山，在每一天的日常中找到巧思与发现，我想这样的机会应该俯首即是。

○就算在别人眼中只是小事，如果能替自己带来莫大的愉悦，那就去做吧。

○挑战前以“失败也正常”为前提，思考如何能开心地进行吧。

发现全新自己的捷径

去思考“其他的路”“别的做法”，也就是否定现在的自己。
否定自己，那正是发现全新自己的捷径。

“希望可以一直发现新的自己。”

这是我对自己的期望。因为我并不完美，甚至还远不及理想中的自己，所以每个早晨、每一天，发现新的自己总让我很开心。

当然，生活中的小事也好，与人交往也好，工作上的事也好，一直以来我都尽可能地选择自己认为正确的路走，带着“这条路，百分之百没错”的信念启程。

尽管如此，我还是可能会犯错。即使方向正确，也并不代表那条路就是完美的。所以在相信自己的同时，我也无法不去想“有其他更好的路吗？”“还有别的做法吗？”

去思考“其他的路”“别的做法”，也就是否定现在的自己。

否定自己，这说法或许给人的印象很消极，但那正是发现全新自己的捷径。

今天和昨天没什么两样，大同小异的明天又会到来，岁月在不经意间流逝，一去不返。维持这样的现状，等于毫无进步，这再无聊不过。而且，没有变化的日子一旦过久了，心就会渐渐失去柔软度。

没有比思想定型更危险的事了。“这么做绝对没错！”人在顽固坚持某一主张的同时，也会停止成长。

“我一定得这么做！”如果染上动不动就武断认定的毛病，想发现新的自己，也成了一种奢望。

正所谓“温故知新”，我们的确能从旧事物和先人的智慧里学到很多，但换个角度想，在自己身处的时代，找到属于自己的新发现，不也是我们活着的一种证明吗？

正因如此，我总是试图打破自己，试图反复地否定自己，甚至粉碎自己，并热切地期望能从而保持心的柔软，不断更新自己的状态。

○要软化自己的心，就先将“绝对”“普通”等词列为禁语吧。

○今早试着做一件不同以往的事吧。

清洁的自信

如果能珍视自己所处的环境，
至少能获得虽微不足道但实实在在的自信。

打扫卫生是我经营的古书店“COW BOOKS”一项重要的工作。

自从八年前开店以来，我总是不厌其烦地叮咛员工：“眼睛看不到的地方，也要保持干净。”

三十分钟就能打扫干净的空间，我们每天会花上两小时清洁。有人觉得这么做很傻。因为卫生工作店里每天都会进行，常常是干净得找不到需要擦洗的地方。大部分的员工可能都会想：“怎么每天早上，都要我们做这种没意义的事。”

不过，我注意到有几个人在做清洁工作时总是一脸愉快，向其中一人询问了原因，对方是这么回答的。

——既然每天要打扫卫生是铁定的事实，我决定不再去埋怨“好麻烦”，或去想“有什么意义？”，干脆开开心心地干活。日积月累下来，这变成了我的自信，使我能够抬头挺胸地对顾客说："欢迎光临。"

他的回答给了我启发，让我思考：是不是优秀的人才，差别就在于对待被指派的工作的态度上。

至于我执着于清洁工作的缘由，也和他们相似。"COW BOOKS"和以往的古书店概念截然不同。最初创办时，不论是经营管理还是待客方式，我都得自己摸索。老实说，当时我一点自信都没有。于是我想到，如果能珍视自己所处的环境，至少能获得虽微不足道但实实在在的自信。"每天打扫，不放过任何一个角落。"只要持之以恒，自己就有了一件值得骄傲的事，即使那只是一件小事。

这一点至今未变，我在《生活手帖》的办公室也在做一样的事。

认真擦洗，精心整顿，每天坚持打扫。只要守住这项原则，就算偶然发现一粒尘埃，也不过只是寻常的小失误，不至陷入"啊啊，他千万别翻那个柜子啊"之类的窘境，做起事来能够昂首挺胸。

每天坚持打扫，保持环境整洁，你一定会变得更强。

○不论是在自己家还是身处职场，都把自己的环境整理干净吧。

○让干净的地方变得更干净，这也是一种创造。

起而行的行动家

心怀“梦想”的时间越长，
最终不了了之的风险就越大。

去发想。去思考。去找好点子。

对我而言，不思考就无法工作，没有收入。所以，我常在动脑筋。

好点子固然重要，但付诸实践的行动力也同样不可或缺。否则，再好的想法都会像手抓不住的沙子般溜走。

有些人嘴上喊：“我想做这件事。”可是说了很多，却始终没有着手进行，最终成了光说不做的空想家。心怀“梦想”的时间越长，最终不了了之的风险就越大。最终，很多人就在无意间被自己的梦想绑架了。发想，斟酌，到处和人说，但还没进行就做了结论。这种事情都还没开始，就已经完结的无趣生活，我想尽可能避免。

所以，我立志要做一个起而行的行动家。

一旦有了好点子，不要光想，不妨动手试试看。就像发明经过一连串的实验才会进化，试着去做之后也可能会产生新的想法。

要行动其实并不难，每天早上写下当天计划要做的事，做成条列式的清单就行了。

工作任务、自我改造计划，抑或只是“陪女儿去游泳”，就算这样的小事也要记下。人是健忘的动物。就连一时兴起想做的事，如果不做成清单也可能会忘记。

清单做好之后，先从容易完成的事开始。如果没能全部完成，那就留待明天。明天没做，就再延到后天。

有时候，想做的事全都不容易完成，以致明日复明日。这也没关系，只要自己意识到“这只是延期”，就和“停滞不前”决然不同。

因为人的心似乎有把“没做到的事”当作“没这回事”的倾向，往往一不小心就把自己还没做的事给忘了。这时候，关键就在于一一确认“这件事我想做，但还没开始做”。

十九岁在美国的时候，第一次看到系统笔记。那是本六孔的活页笔记本。

众所周知，系统笔记内页纸有各种式样，而当时最让我惊奇的是“things to do”的格式。

“○月○日，今日待办事项”，在记入栏的左端还印上了小的四方格,那是用来回头确认自己记下的事是否办妥了。这设计实在太合乎人心,教我惊叹不已。

我虽然没有使用系统笔记,不过每天早上都会列下“things to do”清单,随兴地在本子上记下,当作备忘本使用。

列下“本日的things to do”“本月的things to do”清单,是成为起而行的行动家的第一步,不管是生活或工作,都能从高处鸟瞰,一目了然。

○只要看一眼清单,就能大致了解一天的行程,令人安心。

○比起重要的事,先从简单的事做起,比较不易受挫。

自在的节奏

循序渐进地朝着目标一步一步前进，
是一种对生活的诚实。

与其随波逐流，我更想以自己的节奏度过一天。

每一天的行程我都想作为“自我改造”计划安排，所以对我而言，自在的节奏尤为重要。

将今日要做的事逐一列成清单，除了方便思考优先顺位和提高效率，也是为了调整出令自己自在的节奏。

人难免会受到周围环境的影响，但我希望自己做每件事的动机都是自发的，与自己有关的事都能自己掌控。

对我而言，最自在的节奏是三拍子。我的生活总是以“一、二、三”“一、二、三”的节奏进行。

完成“一、二、三”之后，不是继续进行“四、五、六”，而是转而进入下一组“一、二、三”。不管是“自我改造”计划，还是工作，我都是以三拍子来进行。

举例来说，《生活手帖》要开始一个新特辑，内容希望能“令年轻读者印象深刻”。

像这种时候，我不会采取一次就大幅改变风格的方式，而是搭上“一、二、三”的节奏，将目标分成三期来达成。

第一期，实验性地尝试新风格。第二期，活用从前一期中得到的反馈，做出接近完美的作品。第三期，则以达成百分之一百二十为目标，进行挑战；我一般会遵循以上三个进程。

变化固然重要，但突然大幅转变风格，读者很可能无法适应。若是分成三期逐步转变，读者就能跟上我们的脚步。

除此之外，第三期一旦做出成绩，编辑部的战斗力也会跟着向上提升。等到再开始下一个新企划的“一、二、三”时，就不只是单纯地重新来过、简单地重复，而是进入更高水准的“一、二、三”。

我举出工作上的例子，希望能方便大家理解。其实，循序渐进地朝着目标一步一步前进，是一种对生活的诚实，也可以说是为了与周围环境保持和谐，踏实迈向目标的有序之道。

此外，不管对象是家人、朋友，还是恋人，与人交往尤其需要重视节奏与速度。自己单方面冲得太快，硬是将感情交出去，如果对方还未适应变化，不仅无法理解你的感情，还可能产生困惑。

一、二、三、四、五、六、七、八……只顾着自己拼命往前冲，想要一口气到达终点是不可能的。能以这种蛮横的方式达成目标的人，基本上并不存在。着急行事，可以想见，一定会招致失败。

不如遵循自己的节奏，找出适合自己的方法吧。如此一来，人际关系与生活能有效地开展，工作也会变得顺利，进而心绪也能稳定下来。

自在的节奏因人而异，你的节奏可能是“一、二”“一、二”，也有人喜欢遵循起承转合的“一、二、三、四”；遇到不同的情境时，节奏也可能改变。

无论如何，事情都有先后顺序。人生是一个漫长积累的过程，不要企图在短时间就做出成绩，而是有节奏地、阶段性地，朝终点努力。

其实这本来是运动员的思考模式。离开高中前，我一直认真从事运动。那时我就明白，肌肉不可能一朝一夕就练出来，不管是哪一种运动都不是突然有一天就能让自己变强。要先锻炼腰力和脚力，进而锻练上半身的肌力，提高心肺机能。通过运动，我自然而然学会了跟着节奏，循序渐进。

服装品牌Minä perhonen的创办人皆川明先生以前是马拉松选手，他曾告诉我："虽然Minä接下来的计划大致定出来了，但我不认为执行了成效就会立刻显现。现在我看得到的，不是结果，而是过程。就像在练习一样，只能循序渐进地逐渐累积，接近终点。"

我想，皆川先生一定也有他自己觉得自在的节奏。

工作也好，生活也好，请找出你自己的节奏。这就是诚实而又踏实地一步步接近终点的秘诀。

○就像音乐一播放，工作也能顺利进行，侧耳倾听你身体里的节奏吧。

○有时也要意识到合作伙伴的节奏，有如合奏一般，享受一同共事的过程。

用心吃饭

将忙碌作为借口，总是以机器做的食物果腹，
不管是大人或小孩都让人觉得很可怜。

吃饭是人生大事。

一天基本的三餐，每天都要重复。人不吃东西就无法活下去。

自己或家人亲手做的菜肴也好，店家卖的三明治也罢，只要是做的人用心烹调的食物，我都想细细品尝，并对享用抱有感激之心。而除此之外的其他方式做成的食物，我想恐怕近似于毒药。如果将忙碌作为借口，总是以机器做的食物果腹，不管是大人或小孩都会让人觉得很可怜。

有人会以“没时间做饭”为借口。

有人则喊着“没钱”，拒绝去饭店用餐，总是在便利店解决。

的确，如今城市里充斥着能轻易入手的食物，可那些难道不应该是逼不得已时用来救急的吗？吃的时候，也应该清楚“这些食物对身体不好，可是现在没其他选择”，勉为其难地接受。

如果早餐总选择便利店的三明治，午餐吃泡面，晚餐以百货公司超市卖的熟食解决，人的味觉会渐渐变得迟钝。

这其中除了要担心食品中的添加物，更重要的是“吃下敷衍生产的食物，人不会感到满足”。有没有发现，很多人吃完饭团或泡面后，往往会觉得不过瘾，最终又多吃了甜面包和零食。这样的日子过久了，不只是身体，就连心灵的健康都会受损。

但我并不是要提倡“一天三餐，全自己做”。

也不是要说：“如果要在外面吃饭，就上有机餐厅或高级馆子！”

我想建议的是，你应该在衡量到当天的身体状况、地理环境、忙碌程度和钱包状况等条件后，仔细思量“在目前可能的几个选项中，哪一种最佳”，然后才作决定。

举例来说，如果你预料到当天工作可能会很忙碌，没时间出去用午餐，那做早餐时就顺便做个饭团，带到公司去。

如果没时间做早餐，也不要条件反射地冲进便利店，找一家提供现做三明治的咖啡店吧。

只要仔细想想，其实有许多方法可以不花大钱、不必每天自己下厨，也能吃到用心烹调的餐点。

此外，要切记，就算只有一个人也要好好吃饭。

“要做菜给别人吃的时候，我会用心做，可是自己一个人的话，吃泡面解决就行了。”

听到厨师朋友这么说时，我很生气。因为如果希望别人吃你做的菜能感到幸福，首先你自己一定得觉得幸福才行。一旦起了“反正只有自己一个人，随便搞搞”的念头，美味与幸福感也会瞬间逃逸无踪。

早餐，是一天的开始。不管你是一个人住，还是与家人同住，不管生活忙碌或悠闲，早餐请务必一定要有精神地说：“我开动了！”

○无论是哪一餐，都请选择制作时看得见厨师的脸，用心烹调的餐点。

○就先从简单的早餐开始，试着为某个人、也为自己下厨吧。

优雅的握筷方法

当你即使一个人用餐，也能优雅地握筷、享用美食，你的生活一定也会有所改善。

与其添购一件很少有机会穿的华服，我觉得每天穿一双上好的鞋更能显现出一个人的品味。

“只要穿（戴）上这个，什么状况都能迎刃而解”，至于那是什么，因人而异。其实，除了物品，还有两个不管对谁都适用的“护身符”。

那就是问候和握筷的姿势。

“早安”、“午安”这类问候语的作用，前文已经提过。除此之外，优雅的执筷姿势对日本人来说也是强而有力的加分点。

用餐礼仪规矩繁琐，不过最基本的，就是筷子的使用。

不管是简朴的早餐，还是形式考究的怀石料理[1]，吃日式料理时一定会用上筷子。如果能正确无误地使用筷

1. 怀石料理，原为在日本茶道中，主人请客人品尝的饭菜。现已不限于茶道，成为日本常见的高档菜色。

子，不管遇到什么场面都不用担心。

常听见有人说："不好意思，我不太会用筷子。"正因如此，如果筷子用得好，能提升一个人的格调。

筷子每天都会用到，练习机会也相对很多。有人教给我了一个秘诀，让我茅塞顿开。方法其实很简单，那就是握筷时手要执持在筷子的上方。

听说一般人手习惯放在筷子中段一带，而筷子使得差劲的人，往往握在下方，越差劲的握得越往下。相反，如果握筷时尽可能执持在上端，仪态看起来就会很优雅。

单是改变握筷位置就能得优雅许多，这便是成为用筷高手的第一步。以后和人一起用餐，不用再担心失礼，也能增加自信。何况，用餐场合并不只限正式的宴会，还有"在荞麦面店垫垫肚子"这样的日常情境。如此想来，优雅的执筷方式可有不少派得上用的机会。

当你即使一个人用餐，也能优雅地握筷、享用美食，你的生活一定也会有所改善。

○时时审视自己的握筷方式吧。

○不管是什么事，只要操练好基本中的基本，人自然就会有自信。

干净的姿态

要保持干净的姿态，就意味着即便年岁增长，
经验不断累积，也不能丧失初心。

开始一件事之前，首先要注重整洁。保持干净，是一种礼貌。

在我看来万物的基础，就在于洁净。比起“会做什么事、有什么资产”，气质干净的人，我认为更值得尊敬。

对我而言，保持干净就是守住那条“这原则一旦破坏，自信就会丧失”的底线。不管是多聪明、多有能力的人，一旦因为习惯而邋遢的话，就彻底完了——我没法不这么认为。因为，正是在干净的前提和基础之上，自在的生活、好工作和新点子才能孕育而生。

要保持干净的姿态，就意味着即便年岁增长，经验不断累积，也不能丧失初心。对新事物感到兴奋，遇到开心的事会手舞足蹈，不失去这种真率的气质，这是长大成人后需要小心留意的事。

做错事了就干脆地道歉，失败了就大方认输，绝不说谎，永远抱着一颗正直亲切的心。这些，就是保持心的洁净之道。

每件事都很简单，可是要做好也很不容易。所以，我时不时会问自己："这么做干不干净？"干净，不仅是生活的态度，人的外在同样也必须保持整洁。尤其是姿势，格外重要。

就算穿高级的衣服，仪态不好，只是糟蹋了衣服；相反的，简朴的衣服穿在仪态好的人身上，看起来也像高级品。

走路时总低着头，站立时身体总往一边斜，久而久之，人就会变得萎靡不振。姿势不好还会对脊骨和心脏造成负担，使人思绪混沌。

为了不使生活和工作也跟着扭曲，请重视自己的健康，留心保持端正的姿势吧。不必刻意昧着良心迎合谁，不用矫饰，就保持端正的姿势和率真的心，过干干净净的每一天吧。

○如果你总是低头走路，坐下时有前倾的坏习惯，请尽快改过来吧。

○脚跟和耳后等平时不容易看见的身体部位，也要保持清洁。

遇见“老师”

从温婉的人身上我们学得到东西，
从狡诈的人身上，也有东西可学。

我常去的一个停车场，有个令我很头疼的管理员。他人过中年，说话很啰唆。每次我去停车，都得重复一番相同的对话。

“后视镜要合上嘛，这个停车场，后视镜不合上没办法停。”

“对不起，我车子的后视镜坏了，动不了。”

“那是你自己的事，后视镜请合上，不要超出白线。”

“可是之前几次，我后视镜没动也停得进啊。”

同样的对话上演了好几回，教我不胜其扰，不过那个停车场的位置对我来说最方便，只好忍耐。由于每次都得进行同样的争论，不久我连管理员的长相都记住了。

就在前阵子，我们起了争执。之前总是勉强通融的管理员，那天用手硬是合上我的后视镜。

虽然后视镜没坏，但被人如此冒犯心里不可能舒服。事实上，我很气愤。

但车都停好了，只好忍下这口气，继续购物的行程。可能是我说话时忍不住提高了音量，对方似乎也感觉到了我的怒气。

真讨厌啊，我心里这么想。一想到回来付停车费时，还要和那个管理员打照面，心里就不爽快，但又不能把车留下。

苦恼之际，我想起一件事：如果希望今日的自己能比昨日成长，有所改变，我必须向周遭事物学习，而这其中最好的“老师”，就是人。

我们每天会接触的事物数不胜数。各种事件或经历，书本、艺术和音乐……人会受到各种刺激，并做出不同应对。我也不例外。

但一直以来影响我最深的，始终是人。

影响我的人之中，有值得尊敬的、很优秀的人，也有极具魅力的人物。然而，事实上，并不是只有特别优秀的人才是我的“老师”。

就算是过着超乎寻常的悲惨生活的人，或是吊儿郎当的骗子，从他们身上，我也学到了东西。

即便是来自一个连朋友都谈不上、只是萍水相逢的路人的笑容，也是我人生长河中一个虽小但确实存在的部分。

从这层意义看，停车场的管理员也能是自己的老师。

“那他能教我什么呢？”

我思索着这件事，回到停车场，并向管理员打招呼，还向他道了歉：“刚才真是对不起。”

结果，他接受了我的让步，像忘了后视镜的事一般，对我说：“多谢时常惠顾。”甚至微笑着送我离开。从那一刻起，“有个令我很头痛的管理员”便成了“有个曾令我很头痛的管理员”了。

尽管如此，指望所有的相遇都是美好的，不过只是奢望。

现实庸常的生活中，你既可能遇到让人难堪的尴尬事，也不免会遇上让你气愤至极的事。但正因如此，时时去反思“从这次邂逅中，我能学到什么？”，才有意义。

只要想着自己今天遇见的每一个人，都是能带给自己某种启示的老师，你便不会再去计较对方的容貌或是服饰，性格是好是坏，因为从温婉的人身上我们学得到东西，从狡诈的人身上也有东西可学。

只要尝试以这个观点来看待他人，想说“谢谢”的感恩之心会油然而生，更不会忘却人必须仰赖他人才得以生存的真理。

○试着把每个有机会接触的人都当成自己的老师吧。

○从好体验中学得到东西，同样，从坏体验中也能有所收获。

让笑容为生活保鲜

只要不忘记微笑，大抵的难关都能度过。

最高级的礼物，人生的护身符，让每一天的生活变得美好的秘诀。

笑容，便是能兼顾以上三者的魔杖。

在电车上看到邻座的婴孩天真无邪地绽放笑容，我想不管是谁都会心生暖意。不只是婴孩，家人朋友也好，同事、车站便利店的店员也好，每个人的笑容都有相同的魔力。

只要不忘记微笑，大抵的难关都能度过。

即使人在国外语言不通的环境下，只要微笑，也能沟通；在工作上遇到瓶颈，不忘以笑脸面对便能顺利排除万难。陷入困境的时候，比解决的方法更重要的，是你的笑容。

笑，可以让生活熠熠生辉。不管遇到什么事都能面带笑容，就如同手里拿着一把魔杖，生活也好工作也好，都会变得丰富而充实。

笑容固然重要，但如果只是“皮笑肉不笑”，那就只是演技，一点意义也没有。

所以，请好好想一想，如何才能让自己发自内心地笑出来。

微笑是谁都办得到的、最简单的事之一。

“和他们在一起，我总是笑逐颜开。”

“做这件事的时候，笑意打从心底源源不绝。”

思考过了，清楚自己微笑的原因了，就尽可能努力达到那种状态吧。

此外，状态不好时，不管是谁笑容都会减少。如果发现自己无法打从心底笑了，那就是你必须审视自己内心的时候。

你可以在睡前回想“今天我笑了几次？”，或者在早上起床时，誓言“我今天一定要笑口常开！”，这也同样有效。

特别是在和从未谋面的人初次相见时，你更要有意识地保持笑容。当彼此摸不清对方的想法时，笑容便是双方之间的润滑剂。

○说“谢谢”时请搭配“笑容”，如此一来，便能自然地传达心意。

○发现笑容变少了，就想办法独处一段时间，试着找回自己吧。

今天也要用心过生活

即使明天生命走到尽头也不觉遗憾，能够安详辞世的方法，那就是每天都要带着敬意对待生活。

“如果明天我就要死去，今天若没有好好珍惜地度过，我一定会恨死自己。”

这是我的个人想法，但并不代表“什么时候去死我都无所谓”。

起床，工作，看电视，一天结束。如果这就是我人生在世的最后一天，我一定会死不瞑目。但是，这并不意味着我希求每天都发生梦幻般的邂逅或是充满惊奇的冒险。

如果要我说即使明天生命走到尽头也不觉遗憾，能够安详辞世的方法，那就是每天都要带着敬意对待生活。我认为只要做到这一点就够了。

要怀有对生活的敬意，你必须制造一个契机，能够用来提醒你那一天的重要意义。这契机哪怕只是一件小事也没关系，试着给日常生活添加一些新意吧。

今年夏天，我在《生活手帖》编辑部制造的一个小小的新鲜事，就是扇子。

夏日炎炎，做什么事都提不起劲，我一直在思考要怎么做才能享受炎夏。最后，我决定送每位员工一把扇子。

“各位，让我们用扇子打败高温吧！”

我一说完，每个人都笑了。或许有人会想“与其扇一把小小的扇子，开冷气不是更能解暑吗？”。殊不知，仅仅是在日常中丢进一把扇子——以往不曾有的新意——这年夏天就变得不同以往。

每次看到这扇子，有人或许就会想，“今年夏天好好努力吧”；大家一起扇着风时，扇子也仿佛成了“齐心协力”的象征。

一把扇子这样微不足道的变化就能让每一天都变得新鲜。就像使用全新的笔记本时会特别珍惜，只要日子过得新鲜有趣，人就有用心过生活的动力，对生活肃然起敬。

然而扇子不过是物质方面的契机，要使每天都过得新鲜有趣，最好的方法，其实是保持好奇心。好奇心能够帮助你找到潜藏在庸常的每一天里的新鲜点，妙用无穷。相信很多人都有同感吧。

发现新鲜事的早晨即将展开，但愿你的今天也是无可取代的一天。

○不管多小的事都没关系，每天调整一次新尝试。

○年纪越大，越要鼓起勇气挑战新事物。

CHAPTER TWO

2

上乘的午餐

逆风强的时候，

更有自己在前进的真实感

分享喜悦

和人分享美食，共享美味，
在这样人与人之间的关联中孕育而生的乐趣有种特别的滋味。

《生活手帖》编辑部办公室附近是韩国街，有好几家韩式餐馆，其中有一家小巧的韩式餐馆味道特别棒，是一个老奶奶开的。一个人用午餐的时候，我经常去光顾。

尤其是她家免费提供的韩国泡菜，我非常喜欢。因为实在是太美味了，有一天，我带了一个大密封罐去吃午餐。

“店里的泡菜实在太好吃了，我想买点带回去，可以吗？”

因为老奶奶听不懂日文，我只能靠打手势表明来意，结果老奶奶开心得不得了，或许是很高兴自己亲手做的泡菜味道受到肯定。她说“泡菜是免费提供的，喜欢尽管拿回去”，大方地替我装了一大罐。托了泡菜的福，老奶奶和我都很开心。有机会和人这样坦诚地交流，竟也让我有一点幸福的感觉。

回到公司后，我开始收集办公室里的果酱空瓶和密封罐。因为同事们偶尔会在编辑室做菜试吃，我顺利找到了八个大小不一的空瓶。

我马上动手分装老奶奶给的泡菜，在大罐子上贴上有家庭的同事名字，在小容器上贴一个人住的同事名字，然后对大家宣布：

“我带了超好吃的泡菜回来，放在冰箱里。我已经在罐子上标好各位的名字，请大家带回去品尝吧。”

一个编辑部同事立刻去打开冰箱，纳闷道：

“咦，怎么没看到松浦先生你的罐子。”

我回答说自己不用了。因为我只是想让大家尝尝美味的泡菜，才跟老奶奶分些泡菜回来。和人分享美食，共享美味，在这样人与人之间的关联中孕育而生的乐趣有种特别的滋味。

不只是美味，就连喜悦的心情也可以分享，并促成一顿美好的午餐。

○好吃的食物，如果有人可以一起说“好吃”，则美味加倍。

○吃饱后别忘了和店家打声招呼，“我吃饱了，东西很好吃”。

“给予”的规模

即使不懂什么人生智慧，可是你知道要如何逗人笑，安抚人心，那就这么去做吧。

人生不是靠你做了什么、从事什么工作、做出什么东西来决定的。关键在于，你给予了别人多少。

不过我所说的给予，给的并不是物品，而是指生存的智慧、舒心的方法、对新事物的认识。去发掘许多像这样的见解和思考，并尽可能与人分享，我认为这也是使自己幸福的方法。

我已经年过四十，正好走到人生的中段。

人生已经走过一半，因而累积了许多经验，能够传授给其他人。人生才走过了一半，因而还有勇气摧毁既有的功与过，从零开始追求更美好的新事物。

所以，我决定先从身边的人开始，希望能传授一些什么给他们。不是只藏在自己的抽屉里，而是不吝啬地分享出去，我认为这是我这个年纪的人应负的社会责任。

事实上，不管身处什么年代、什么立场，人都不得不给予。

“为了让我更好成长，公司应该怎么栽培我？”

“为了改善社会，国家应该怎么做？”

如果只是像这样一味等待别人的好意，只知要求，那你什么都得不到。你必须自己先付出，回馈必然会到来。

“可是我没有足以教人的本事”，不用去烦恼这件事，因为不管是谁一定都有可以传授给别人的东西。你要做的，只是先找到那是什么。

即使不懂什么人生智慧，可是你知道要如何逗人笑，安抚人心，那就这么去做吧。所有的事都虚心、奋力地去做，展现你纯洁真诚的心。

等到你办到了，接下来请去思考授予的规模，你只能让眼前的人笑吗，还是你能够让世上无数的人笑？因为授予的规模愈大，你得到的回馈也会愈大。也许，这就是所谓的成长吧。

○如果有自己想要的东西，就先让给别人。

○就算只是小东西也没关系，准备好自己能够给予他人的东西，以便随时都能拿出来。

在破裂之时，才真正开始

所谓丰富，指的并不是眼睛看得到的表相，
而是隐藏在其中的故事。

收音机也好，皮包也好，自行车也一样，世上没有不会坏的东西。

“反正已经用很久了，换个新的更划得来”，或许这就是当今的世道。东西直接丢了比较省事，也不会有人说闲话。

不过我的话，还是更倾向于把坏的东西修了之后继续使用。东西总有用坏的那一刻，有了这个大前提，我认为东西坏掉的那一刻正是开始的时候。东西坏了，不丢弃、不添购新品，下决心修好它，并花时间修缮，我认为直到那一刻，那才真正成为你的东西。

与人交往也一样，经过冲撞、摩擦、破裂、产生嫌隙，然后才正式开始。

始终保持和睦气氛的交往很肤浅，一直要到产生纠葛，彻底发泄，互相伤害，一直以来的情谊破裂的那一刻起，你才算与那个人产生关系。

人心比物品更脆弱，而且可能会破碎好多次。每一个这样的关头，我们都像是站在分岔路口。

是选择一心想从纷争中脱身，甚至不惜舍弃与那人的关系，还是选择不退怯，袒露真心，努力地、用心地修补彼此的关系？

我总是选择后者。这就跟修理东西一样，不，应该说是更胜于它的艰苦考验。需要你放下身段，不惜颜面，将说不出口的、羞于告人的事化作言语吐露，甚至有时像个孩子般嚎啕大哭。心情绝不容许一丝敷衍。

尽管过程痛苦，但是当伤口和裂痕被细心修补之后，双方的关系一定会更加深刻、丰富，体会到平静与满足的心境。

所谓丰富，指的并不是眼睛看得到的表相，而是隐藏在其中的故事。

就像不断修修补补之下穿了十年的鞋，对我而言，它已不再是一双寻常的鞋。最初磨坏鞋跟的那趟旅程的回忆、几年后使得鞋尖绽线的那场意外，以及每次都细心替我修补鞋子的修鞋师傅的心意，使得那双鞋成了一项凝聚心意的宝贝。就算别人不知晓，但上面有属于自己的故事，就比任何昂贵的新品都更有价值。

与人的交往也是一样，“我们曾碰上那种事，不过一起克服了”，有越多共同的回忆，双方的友情也会变得越充实。

听到有些夫妇自从交往以来一次也没吵过架，总让我觉得落寞、难以理解。难道有这种感觉的只有我一人吗?

物品经过长年耗损也会逐渐消磨，与人相处，熟悉之后如果不起摩擦反而危险。

只要把毁坏当作前提，你就能直截了当地与对方沟通。人数不用多，这样的对象只要有几个，人生就能变得丰富充实。

○只要抱着即便坏损也要修复的打算，有话就无需隐忍不说。

○认真地看待每段关系，就不需要过多的朋友和物品。

人际关系的养成

要构筑一段双方能在其中成长的关系，
培育的心意不可或缺。

我房间里有个小巧的常春藤盆栽。

盆栽很小，炎热的日子只要受日照太久，叶片就会变得干巴巴的。可是靠墙放，又正对冷气的出风口，也会妨碍叶片的生长。

"到底要放在那里，才对这株植物最好？"我苦苦思索后终于确定了放置的地点。直到那一刻，我才有资格抬头挺胸地说："我在照顾这个盆栽。"

爱情、友情在内的任何与他人之间的信任关系，并不是靠制造出来的，而是需要培育的。

从鼓起勇气踏出第一步开始，历经反复的毁损和修复，交情逐渐加深。这种时候，最重要的就是培育的那份心意。要构筑一段双方能在其中成长的关系，培育的心意不可或缺。

所以朋友和家人自不用说，就算是因工作而接触到的人，我也会像照顾小小的盆栽那般照料与他们的关系。

人际关系的培育，不是要你一一提点朋友“你应该这么做”或是“不要做傻事了”，而是尽可能从对方的立场来思考。最危险的就是，不好好观察对方，而把自己的意见放在最优先。

“对方现在处在什么状况？什么事能让他感到幸福？他讨厌别人怎么做，又喜欢被别人怎么对待？”——能知道答案的方法有两种，一是详细地观察对方，二是具备揣测对方心理的想象力。

当然，人不是一株植物，人会说话，不知道的事能发问。另外，交心对话也很必要。不过，语言并不是万能的工具。

因为，人不是一株植物，人还有耳朵。可即便如此，我们还是会在不知不觉中忘却这个能力，不去听对方倾诉，而是把自己的意见强加在朋友身上。正因如此，与人交流时，请先仔细观察对方，并抱持着想象力对话吧。只有穷尽自己的能力，你才能长久地珍视与对方的关系。

○不能借口为对方着想，把自己的意见强加在对方身上。

○用照料不会说话的植物的细腻心思，来揣摩对方的感受吧。

马卡龙沟通法

对人发自内心地萌生想说“谢谢”的念头时，
就必须将感谢的心情明确地传达给对方。

像喝水一样咕噜一声把害臊咽下，只往前踏出一步，世界就会全然改变。

人与人的沟通一旦跨越那条线，也就能和睦相处。

柔情在心里萌生，在人与人之间传递。而这样的喜悦，其实只需要一点点勇气就能得到。

那天，我到一家味道不错的面包店用餐。那家店有个醒目的红屋檐，店内可见香喷喷的法式面包、香甜的丹麦面包、加了大量黄油的牛角面包，香味四溢。

我在二楼的用餐区点了面包和咖啡后，六七种果酱和蜂蜜送了上来。店里的女服务生这么交代：

“果酱都可随意享用，不过请不要使用挖果酱的小汤匙涂抹面包。”

我这下头疼了。考虑到卫生，将果酱先舀到盘子上再以面包沾取的作法的确比较妥当，可是实际做起来并不容易。

因为跟面包一起送上来的盘子只有一个，但果酱种类很多，覆盆子、蓝莓、小红莓，我都想尝一尝。还有无花果、橘子、苹果口味，以及莲花蜂蜜，我全都不想错过。

可是，如果把果酱舀到同一个盘子，味道会混在一起，就会变得很奇怪。不得以之下，我甚至出动了咖啡碟，可惜还是不顺利。看到咖啡碟被弄得黏糊糊的，我很过意不去，想着至少不能连桌子都弄脏，因而陷入了苦战。这时，女服务生看了我一眼。

感觉像是受到了谴责，我赶紧道歉：“对不起，果酱不方便沾取，我只好连咖啡碟都用上了，弄得这么脏，真不好意思。”

结果女服务生说：“啊，真对不起，我应该多帮您准备几个小盘子的。”

说完，她送上几个盘子，还微笑着对我说：“请不用客气，慢慢享用。”

本以为她一定会在心里暗骂“这客人也太不上道了”，气得上前阻止，没想到她竟如此亲切地招呼我，我也松了一口气。

紧张纾解后，我注意到她一直在看摆在我旁边的那本杂志。那一期碰巧是面包特辑。我们因此聊了起来，她告诉我，她是因为喜欢面包才在这家店工作，她很喜欢面包刚出炉的味道。

不过也只是交换了三言两语，我虽然不至于再被看成是“弄脏盘子的麻烦客人”，但我们客人和店员的关系并没改变。

这时，我知道只要再踏出一步，就能建立起比这更近一层的关系，于是便鼓起勇气。

我把行李留在座位，下楼去买要带回公司吃的三明治，并多买了一包马卡龙点心。回到座位后，我把马卡龙送给她。

“谢谢你的好意，方便的话，请收下。”

我并不是别有用心。毕竟礼物不过只是两百日元的马卡龙，而且还是她工作店里的商品。

只不过，我一直认为对人发自内心地萌生想说“谢谢”的念头时，就必须将感谢的心情明确地传达给对方。

这个被我称作“马卡龙沟通法”的故事，并没有什么特别。不管是在日常生活或是旅途地点，我常对陌生人做一样的事。就算不是以送礼的方式，我也会想方设法表达自己的感谢与好意，将其化为行动。

“可是，这简直就像搭讪嘛。”有朋友这么调侃我。

的确，虽然我的本意只是想送个小礼物，但有时候会吓着对方，甚至引来反感。

转念一想，每个人的行事作风都不同，希望所有人都乐意收下我的礼物本来就是不可能的。不过，就算有一半的人拒绝，至少还有一半的人觉得高兴。

而且，在世界各地的各色场所，制造互道“当时，真谢谢你”的机会——这不是很美好的事吗？

我相信这也是为了丰富一天生活的“冒险”。

你要不要也试着鼓起勇气行动呢？

○除了“谢谢”这句话，也一起附上小礼物吧。

○与人一起分享害羞和犹豫之后的“喜悦”吧。

成全对方——开口的艺术

如果察觉某人有话想对你说，就自己主动制造谈话机会吧，这也是在传达“你的事我优先考虑”的信息。

哪怕第六感不那么强，只要用点心，就能察觉某人是否有话要说。

你应该也有类似的经验，有时候面对公司的后辈，感觉得到对方似乎有话想说，但是看我在忙，在找时机开口。

尤其当对象是家人或恋人时，你更能清楚感受到对方“有话想说”的信号。

如果察觉某人有话想对你说，就自己主动制造谈话机会，成全对方吧。这也是在传达“你的事我优先考虑”的信息给对方。

况且，如果你一味地等着对方开口，而对方又一直在寻找说话时机——这种无声的交流，不可能有多愉快。

再加上你都知道对方有话想说了，却因为“今天很累”等理由摆出无视的姿态，次数一多，很可能会导致对方爆发不满的情绪，也难保双方关系不会生变。

倘若感受到自己“不被重视”，不管是谁都会不好受。对方有话想说你却不予理睬，就等于在说“你对我而言不算什么”。

拿我自己来说，不管是职场还是私生活，我都会选择主动开口。

“如果是我误会的话就算了，但你是不是有话想说？”

不要让气氛僵得像警察问话，而是友善地制造机会，抛出话头。

有些时候，对方或许是想要关心你。这种情况在日常生活中特别容易发生，常常是在你要开始做一件事、考虑换工作，或是生活发生变化的时候。当你的心情起了变化，家人、恋人和朋友自然会有所察觉，可是他们并不知道这其中的缘由，难免会在心中揣测：“到底他要到什么时候才跟我说啊？”

然而，在面对生活中自己信任的朋友时，我们往往不会把心情化作语言，总是认定很多事即便不一一相告，对方也能理解。

即使如此，如果不被主动询问便迟迟没有表示的结果，可能会使对方受到伤害。所以为了避免这种情况，我会主动制造机会，请对方给我一些提示。

“我是不是忘了什么事，记得有件事要跟你说，对吧？”

有时候，可能反而是你把对方的问题给搁置了，欠人家一个回复。比如你在准备新的方案，却忘了向大家说明；或是自己提议要搞家族旅行，却迟迟没有行动……

就算事实上只是件鸡毛蒜皮的小事，可对在等待回音的一方而言可是大事。

自己主动接近，不仅可以减轻对方的负担，对自己而言也未尝不是件好事。毕竟比起被动地承受别人的揣测，自己主动说明心意会轻松得多，不是吗？

○如果注意到某人有话想说，就若无其事地帮他制造机会，成全对方吧。

○请好好回想，是否曾在无意间忽视了重要的人。

干脆地道歉

能够认错，也代表拥有听取他人意见的能力。

没有人不会犯错，也没有人不会失败。即便开始前谨慎考虑，用心去做，还是经常可能犯错。

工作上的事也好，家里的事也好，与朋友的交往也好，我们难免会犯下错误。这种时候，关键就在能否认错，能否坦然接受犯错的事实，干脆地道歉。

不管有没有恶意，给周围的人造成不便是事实，立刻道歉也是理所当然的事。

如果能诚恳地说出“对不起”，一定也能重修旧好，也能好好自省，早一步重新开始。

最不可取的不是失败，而是失败了却不敢承认。大部分的失误和错误，谁都能一眼看出，可即便如此，有时候我们却还是找借口推脱，耍小聪明掩饰，最终往往后悔莫及。

后悔，我认为就是指在事后对于做了无可挽回的事感到悔恨。原本只是道歉就能解决的小事，如果一直逞强坚称“自己没错”，只会造成更大的损失。

能够认错，也代表拥有听取他人意见的能力。所以不要一味地一个人钻牛角尖，也要向周围的人学习，这样既能提高做判断时的正确度，日后自然也就不容易再犯同样的错误。

再者，如果能虚心地仔细分析失败的缘由，还可以从犯下的错误中学到很多。

○觉得自己做错了，就坦然承认，立刻道歉吧。

○承认错误，改正过失，人便能从失败中成长。

凛然的诚实

以轻率的态度给予建议，不过只是不诚实的温柔。

如果是仅只一次的关系，那就不要太过深入。这是我与人交往的原则。

举例来说，有很多人会来找我。

“我在画插画，您能给我一些建议吗？”

“我是新人摄影师，请给我的作品一些批评指教。”

而我的回答总是一样。

“我不会给你建议，也不会评论你的作品，但我会看你的作品，记得有你这个人。”

或许有人会觉得我的反应太过冷淡，但这就是我的诚实原则。

不管是工作，还是恋爱或人际关系的烦恼，有人找你商量而你要给对方意见时，你必须做好要看顾对方一辈子的觉悟。

“你的作品，如果这方面再加强一些如何呢？”一旦我给了某人建议，就算只是抱着轻松的态度发言，我也必须一辈子与那人来往。如果那个人说“我依松浦先生的建议做了调整，请看一下”，跑来找我商量，那就算是排开工作行程，我也必须会见他，这是我的义务。

这份义务会伴随一辈子，中途放下是卑怯的行为。所以一开始就不要轻易跨过那条线，这样对双方都好。

要给家人、朋友或一起工作的同事建议时，我也秉持与之相应的觉悟与热情。我希望给别人建议时，都能严肃以待，而我的能力有限，所以才无法对所有人都一视同仁。

以轻率的态度给予建议，不过只是不诚实的温柔，是没有脊柱、软趴趴的温柔，嘴上说起来虽然好听，可是并不会长久。

遇到别人找你商量恋爱或工作的烦恼时，如果你不先考虑自己的负荷能力以及与对方的关系就给建议，到最后可能会连要为真正重要的人付出的热情都被耗尽。

○有时候对所有人都温柔，反倒是不温柔的表现。

○事先定下原则，设好自己的底线，人际关系就能清爽许多。

留有余地的约定

人与人的关系就像跷跷板，角度随时会变化。己所不欲，勿施于人——这道理再简单不过，但我们总是容易忘记。

约定一旦达成，就不存在模棱两可的暧昧。

要严肃看待，以“绝对要遵守”的心态许诺。正因为约定牢不可破，与人定下约定时，一定要替对方留有退路。

不管那项约定有多重要，绝不能以命令的措词来表达。尤其当对方是你的朋友或工作伙伴，是你重要的人时，更是如此。

就算对方遵守了约定，如自己所愿，但如果因此把对方逼至极限，那到底是为了什么而定下约定呢？

与人约定时，首先要找到双方都能接受的妥协点。为此，你可以先试着想象这项约定是否有替对方留下退路。

其次，如果是个人的事，叫约定；如果是工作上的事，就是契约。那时需要的，就是“变通的余地”。

契约因牵扯到金钱交易，必须比个人约定更严格执行。举个例子，在几家同性质的公司里，要选择和哪一家公司签约时，有人会以“价钱最便宜、可以帮忙赶交货日”的理由作为选择基准。

如果只考虑到己方的情况，这或许是妥当的作法，可是在这个契约中，对方可能答应得很勉强。将不利条件全推给一方承受，强硬定下契约，这种合作无法长久。强忍到最后，对方甚至有倒闭的危险。

何况，从不公平的契约中，不可能产生伙伴意识。不仅如此，当己方遇到困境时，对方甚至可能毫不犹豫地中止契约。

相对的，如果契约条件是自己能接受，而对对方也有利和变通余地时，双方之间才会萌生信赖关系。只要多缔结几个发生分歧时不会为难自己，愿意伸出援手的合作对象，公司就能稳健经营。特别是处在变动的时代，今天己方虽然处于优势，但说不定哪一天立场会逆转。

我认为，与所有在工作上接触到的对象最理想的相处模式，就是像家人的关系。所以在要求合作厂商配合时，我会这么问自己：

“如果这个人是自己的妹妹，我还会提出如此不合理的要求吗？”

如果答案是“不”，那就是自己的要求不合理。

不只是公司对公司，上司对部下、前辈对后辈、在私生活参加社团与人一起担任干事时也一样，万不可以将负担强加在对方身上。

人与人的关系就像跷跷板，角度随时会变化。己所不欲，勿施于人——这道理再简单不过，但我们总是容易忘记。

给对方留退路或变通的余地就像是用来缓冲的软垫，不只能够解救对方，有一天还能回过头来帮助自己。

○所谓的公平，是为了能够心平气和地做判断而设立的基准。

○即使硬逼对方说出“YES”，这个承诺里也没有情分。

谎言的尾巴

与某人交往，就是要百分之百地接受那个人。
就连那人的谎言，以及他不得不说谎的理由，我也会全盘接受。

“他在说谎吧？”

虚张声势、虚荣，前言不搭后语，闪烁其词……不管对方如何巧妙地掩饰，谎言时常会露出尾巴。每当这种时候，我会选择干脆受骗。

不管是交友或工作，或多或少都会存在谎言，我觉得这很正常。所以就算知道对方在说谎，我也能坦然接受，绝不会质问对方：“你在说谎吧？”也不会对说谎的人感到失望或嫌恶。

我虽不是圣人，但也能想象对方一定有他不得不说谎的理由。有些状况，确实会让人不得不采取欺瞒的方式，想尽办法伪装遮掩。

与某人交往，就是要百分之百地接受那个人。所以，就连那人的谎言，以及他不得不说谎的理由，我也会全盘接受。

不管对象是工作伙伴还是朋友，如果把接受对方当作主要枝干，那谎言不过是枝叶，只是一闪而过的尾巴。

比如说在听下属报告时，听出了其中的谎言。这时如果当即怒斥“这怎么可能！没有事可以躲过我的法眼”，这只会耽误了正事，对事态的发展没有任何帮助。

与其发一通脾气，不如接受对方的谎言，转而去想接下来要如何进行，或去思考厘清问题本质的方法。

与家人和恋人相处也是一样，如果一开始就质疑不断，戳穿、责难对方，那彼此的关系永远无法深入。特别是在生活中，由于对方是自己重要的人，选择接受他们的谎言，自己也会更轻松。与其说是原谅对方，我想更贴切的说法是让事情顺利过去，然后忘记它。我并不是指要做到“故意上当”的地步，只是我觉得体贴对方的处境，选择不去在意，也是一种爱的表现。

○请去思考戳破谎言和为对方留余地，哪件事比较重要。

○请去想象谎言背后的理由，如果能有这份心，自然能够体贴对方。

让百步，又何妨

先倾听对方的想法，说声“你先请”，礼让对方之后，
你就能依据自己的步调，悠哉地走自己的路了。

有一种说法叫“让你一百步”，不过是一百步，随时都可以让。毕竟又不是要退到世界的尽头，百步不过只是短短的距离。

以前，我曾把这件事写成随笔，当时虽然被当成笑话，不过直到现在，我还是抱持同样的想法。

当然，我也曾经有过一段怎么都不肯退让的时期。

人是讨厌认输的生物，不过是有些意见不合，就忍不住否定对手，想驳倒对方。虽不至于大打出手，但口水战没完没了。

唇枪舌战一番，吵得不可开交，结果结论还没出来，双方就战得筋疲力竭——像这样争吵，未免太愚蠢了。

于是，我在心底立下一个原则，那就是：不与人争战。如果因此变得能够轻松地退让一百步，绝对不是什么坏事。

要做到不与人争战，最重要的是要仔细听对方说话。先请对方发言，让他畅所欲言，就算他表示“无话可说了”，还是请他继续说明，这期间自己则专心聆听。

听着听着，不禁会开始觉得“嗯，他的意见虽然跟我不同，不过也有道理……”，就算依旧无法认同，也能具体理解对方是依据什么理由来发言的。

自从我立下不与人争战的原则以来，即使是与人意见相左的时候，也不再一味否定对方“你想错了吧”。如果只是小事，当场就能退让。

尽管如此，我并不是要你抹杀自己、改变自己的主张。先倾听对方的想法，说声“你先请”，礼让对方之后，你就能依据自己的步调，悠哉地走自己的路了。

○不用在一个地方固执己见，能够宣扬自我主张的机会多得是。

○不与人争战，也就不会输，这也是事实。

对闲言碎语深呼吸

逆风强的时候，我更有自己在前进的真实感。

我刚上任《生活手帖》杂志的总编辑时，每天都会收到来信。

“内容一点也不像我喜欢的《生活手帖》了！”

“还我以前的《生活手帖》来！”

一天之内会收到好几封不满杂志改版的抗议信。三天两头收到这种信，心情多少会受影响，可是身为杂志总编辑，我必须接受这些意见，并且去思考要如何回应这些声音。

过去我从不曾隶属于一个组织，始终独立工作。负面评价与反对声浪、谣言和中伤，对我而言，早已是家常便饭。

甚至曾发生交情不错的朋友在背地说“松浦那家伙不行”之类的事，对于中伤我已经习以为常，不以为意了。假使“COW BOOKS”所在的中目黑地区的半径一公尺以内，“喜欢松浦弥太郎的人”有一百个，那么“痛恨松浦弥太郎的人”大约也有一百个吧。

要站在前线做事，自然有人支持有人反对。反倒是逆风强的时候，我更有自己在前进的真实感。

最让人灰心的，是赞扬和批评声全都听不见，读者没反应、毫不关心。从这层意义看，那些对《生活手帖》当面提出抗议的反对声浪，甚至称得上是让人开心的消息。实际上，就职到现在的这两年，回信给抗议的读者一直是我的工作，也是我的功课。

遭人否定，代表有人正在关注你，而这正是开始的机会。不限公事，日常生活也一样，我就是以这种心态来调适自己。

如果你也十分在意别人的中伤或闲言碎语，不妨这么想吧。

第一，别人并没有你以为的这么在意你，并不会二十四小时都在想你的事。你以为“现在，那人一定在说我的坏话吧”，其实那人早就忘了你的事，现在搞不好在约会呢。

第二，负面的声音容易听见，但正面的评价往往隐晦，不容易听闻。如果批评与中伤你的工作表现或行事风格的人有十个，那在背地赞许你的工作表现，欣赏你的人也会有十个。只不过他们没有说出来，而你没察觉到罢了。

如果以上两个方法仍无法平复你的心情，那我来告诉你一个秘密武器吧。那就是深呼吸。

方法很简单，但效果十分显著。只要深呼吸，心就会不可思议地平静下来，人会变得冷静。

而过度在意他人眼光时，呼吸也会变得浅薄。下次当你被一些冷静下来后发现不过是小事的问题影响，一时反应过度、情绪激动时，就试着深呼吸吧。

深呼吸不仅能让你忘记蜚短流长和中伤，在讨论大事的关键时刻，或者想喘一口气的时候，也能派上用场。只要你深呼吸的次数多过在意他人眼光的次数，我想那天一定会过得自在适意吧。

○察觉内心不淡定时，就试着端正姿势，来个大大的深呼吸吧。

○吸进好气，吐掉恶气。深呼吸是转换心情最简单的方法。

一个人的奢侈

要获得独处的机会，
关键在于你也要给身边的人独处的时间。

通常情况下，我会尽力在中午之前完成工作。事务工作和会议排在早上进行，午餐则尽可能和同事一起吃，那之后一直到回家的时间，原则上我都是一个人度过；一个人处理公司的事。

有时候因为受限于采访和拍摄工作，无法尽如己愿，但我还是会尽可能确保独处的时间。而一个人独处，并不是指丢下一切一个人躲起来，而是想要回归最纯粹的自己。

不管是谁，都在生活中扮演着某种角色。在公司里的自己，在家庭里的自己，为人家长的自己，为人子女的自己。我也扮演着总编辑、古书店老板、父亲等角色，可是有时候我会希望做回最纯粹的自己，而不是为了某人而活。

如果能有一段短暂的时间，可以赤裸裸地做回什么也不是的自己，人就有机会找回真正的自我，获得喘气的机会，从而获取与他人认真交往的力量，能够用心投入地与别人交流。我一直认为，如果没有一个人的时间，不管是总编辑、父亲或是其他任何角色，我都无法胜任。

身处社会，我们每天都置身在各种事物之间，永无止境地受到外来的影响。追求变化和成长的同时，有时候会变得一点都不像自己，感到哪里不对劲。像这种时候，只要试着独处来找回自我，就不会觉得只是在随波逐流，而是以自己独到的泳姿在前进，在发生正面的变化。

要获得独处的机会，关键在于你也要给身边的人独处的时间。因为要确保一个人的时间，来自周围的协助不可或缺。

尽管不能明目张胆地宣传，但我私底下对下属们说："如果实在不想进公司，不来也没关系。"只要自己能掌控工作进度，下午可以借口拜访客户离开，或者找适当的理由打电话请假。毕竟，人是活生生的血肉，不是机器齿轮。

我的妻子晚饭后会读读书或看看电视，习惯一个人度过；一个月也会找两天自己去旅行。我清楚拥有一个人的时间对她很重要，所以并不会干涉，也会担起照顾女儿的责任。

而我之所以能拥有独处的时间，也都是有赖同事和家人配合。没有他们的协助，我是绝对办不到的。

认可彼此需要独处的时间，理解独处的好处，相处的时间则好好沟通；彼此之间既能相互理解，又能相互协助。我想和重要的人建立这样的交往模式。

我曾经独自出去旅行了一个星期，期间没有和任何人联络，并切断了与外界的所有联系。而我之所以能这么做，不是因为任性，而是我周围的人理解并接受这件事。

不管是结婚，或是归属于某个团体，只要忘了一个人的时间，我们往往就会产生依赖感。一旦依存着什么而生，人就会丧失自我。

所以，哪怕时间很短也没关系，尽力挤出一个人的时间吧。这么做时也不要忘了另一件重要的事，坚定地对身边的人说“你也可以找时间独处”吧。

○保有独处的时间，你才能好好享受与他人共处的时光。

○咖啡店也好，公园也好，事先挑几个能够让自己舒服独处的地点吧。

CHAPTER THREE

3

圆融人生的香料

要懂得生活的智慧与乐趣

香味的功用

真正重要的东西，是眼睛看不见的。

我的“记忆关键词”，就是香气。

或许是事情发生当下常伴随着芳香，所以香气常常成为我回想起某件事的关键。

我对气味很敏感，所以想调剂心情时也常利用香味。芳香，便是我用来调整自己的工具。

芳香精油是我生活的必备品，我最喜欢闻起来清凉的迷迭香，也喜欢同属性的尤加利；比较累的时候，则会使用胡椒薄荷（peppermint）或洋薄荷（spearmint）之类的薄荷调。如果是女性，我想应该会喜欢熏衣草、玫瑰、橙花之类香甜迷人的味道。

Aromatherapy，在法语中是“芳香疗法”的意思。精油的用途很广，可作香氛焚烧、保养皮肤、防虫等，效用多多。我平时会在房间使用扩香器，搭飞机时也会点几滴精油在口罩上，既能放松心情，也有保湿和预防感冒的功效。

香味，存在于生活中的各种场景。

我想大家都有过经验，踏进花店，被馥郁的花香包围的瞬间，心情立即变得舒畅；房间只要装饰一朵小花，气氛就变得舒适宜人。秋天草木的香味、刚煮好的米饭香，以及雨后街道上的味道等，弥漫在生活中的各种香味，丰富了我们自身。

不管食物多有营养，如果没有香味，就一点也不觉得好吃。香草茶或咖啡如果除去了香味，就变成了另一种东西。

人生也一样，绝不能轻视那些能变成香味的事物。

如果说人生目标、工作与梦想，爱、信任和伴侣，是人生的滋味和养分，那么嗜好与学习就像生活的香气，即韵味吧。

小王子说“真正重要的东西，是眼睛看不见的”，我认为香味正是一种看不见的珍宝。

○请思考你人生的香味，即可以增添生活韵味的事物是什么。

○那便是眼睛看不见却可以丰富人生的财富。

“不知道”的箱子

承认自己“不知道”，
就等于收获了学习的机会。

不知道的事，就说不知道。

这毫无疑问是人生最好的智慧。

不要不懂装懂，不要含糊其辞，如果不知道，就老实说“不知道”。

承认自己“不知道”，就等于收获了学习的机会。

说出“请指点迷津”，请教他人，绝不是什么可耻的事。

就算对方没有全教会你，你只习得部分的知识，那也没关系。因为你可以利用那些知识的碎片作为契机，靠一己之力进一步学习。

除此之外，在表明不知道的同时，不放过那些疑问也很重要。

我在《生活手帖》编辑部的办公桌抽屉，准备了一个箱子。使用方法非常简单。

在阅读书本或报纸，又或者与人谈话时，我们一天之中常会遇到几个陌生的字眼。

有时候当场请教就能得到解答，不过在工作上有些场合并不方便发问。

“不好意思，这方面我不大懂，可以麻烦你简单说明吗？”有时候你可以直接发问，但像是多人参加的会议，就很难开口。如果会打断其他人的工作，也最好避免。再说，有些问题是自己调查一下就能知晓的事，一一请教会给对方造成困扰。

遇到这种时候，我会把疑问写在纸上，然后把那一小块撕下，放进抽屉里的盒子。

像是遇到不知道读音的字，或是在报纸上看到不懂的字词，“‘视为有效利息之债务清偿’，那是什么意思？”，我便会一一记下问题，把小纸条放进那个叫作“不明所以”的盒中。

然后，一个月大约一次，等工作告一段落时，再定定心心地把盒子打开。如果一天一张，一个月大约也有三十张左右，数量很可观。

不必用到潘多拉的盒子，通过“不知道”的盒子便可明了自己哪些事不清楚，什么是自己不擅长的领域。

拿我来说，我就因此发现，盒子里有好多关于经济用语的问题，看来这方面是我的弱点。

当然，这只是开始，接下来你可以上网搜索，可以找书阅读。“什么嘛，‘视为有效利息之债务清偿’的意思原来那么简单”。有些问题很容易就能得到解答，但有时也可能引发更多的疑问，带给你进一步学习的欲望。这就开启了货真价实的自学，让人兴味盎然。

在这过程中，我甚至还动了这样的念头：“等我五十岁就去上大学吧。我想系统性地学习经济方面的事，念经济学应该不错。”我的世界也因此一步步地拓展开来。

这并不是小学生的作业，没有解开所有问题的必要，就算一年只打开盒子一次也没有关系。

总而言之，“不知道”的盒子里面，便是挖掘你新的可能的种子。

○在手边能找到的纸张随意记下你的疑问，全都放进盒子吧。

○“不明所以”的盒子是用来了解自己的工具。

散发树木香气的地图

我想知道自家附近是什么样的地、有什么种类的植物生长，然后尽可能花心思与自然和平共处。

如果要你指明从最近的车站到你家的路线，你会怎么表达呢？

“出了检票口，在车站前的银行左转，接着直走，在第三个红绿灯右转，然后你会看到一间便利商店，那栋大楼隔壁的咖啡色公寓就是了。”

大部分的人应该都会像这样说明吧。的确，这样的指示简单易懂，不过我总觉得缺少了什么。

这种时候，不如将花草树木画进心里的地图吧。

先仔细观察平日看惯的风景，然后从中精心挑选出几个自然景物，像是行道树、陌生人家阳台种的花等等，依此画出一张散发树木香气的地图。

“沿着夹道的樱花树直走会看到一座小小的花坛，在那里右转。”

“那里有棵高大的菩提树，以那做地标。”

如果能如此帮人带路，我想一定很棒。

生活中时常会经过的路，大部分的人都没有兴致多看一眼，总是无意识地经过它们。不过，只要去意识“自然”，细心地付出关怀，一定可以发现能用来做地标的树木。

就算居家环境被柏油路包围，但土壤就在柏油底下，即便外观不一样了，我们依旧生活在自然之中。

因此，我想知道自家附近是什么样的地、有什么种类的植物生长，然后尽可能花心思与自然和平共处。

去发现自然，绘制一张散发树木香气的地图，只要这么做，你就能更贴近丰富多彩的人生。

找个有空闲的下午出去散步，画下你的新地标吧。

○如果发现花草照顾得特别美丽的住宅，就悄悄记下来当作自家的范本吧。

○如果有一棵自己喜欢的树，寻常的林荫道也能变成特别的场所。

历史上的小事情

世事总在轮回更迭，不断重演，
从先人身上我们可以学到很多。

研究历史，对我而言是莫大的乐趣。

不过我的意思，可不是指光背背年号。举例来说，像是探寻马其顿王国的亚历山大大帝打造梦幻图书馆的壮阔历史、小堀远川是如何从争乱不断的德川幕府时代死里逃生……调查这些史事，对我而言是最高级的享受。

人生在世，一定会遇到未知的事，以及各种考验和烦恼。像这种时候，历史便可以助我们一臂之力。因为世事总在轮回更迭，不断重演，从先人身上我们可以学到很多。

“咦？那个时代也发生了类似的事呢。那么，当时的人是如何去克服的？他们是怎么想的？”

每每回看历史，常有这种感受，真是不可思议。

除此之外，研究与自己切身相关的历史上的小事，也很有乐趣。

就拿“COW BOOKS”所在的中目黑地区来举例。

沿岸种有樱花树的目黑川，是本地区的象征。河水流经市中心，河畔绿意盎然，水流平稳。然而，其实在距今不久的江户时代，沿岸还未兴建堤岸工程，河水时常泛滥酿成水患。一直到一九八〇年代，展开大型的护岸工程之后，才演变成今日平稳的潺潺小溪。

中目黑后来因此再度开发，兴起了许多新潮的店，大型超市也应运而生。听说昔日车站对面还有座小丘，小丘上有一座牧场。

再往前追溯，据传从与目黑川并行的山手通路，一直到下游的青山通路一带，从前是一片汪洋。出土的化石中，竟曾发现鲸的骨骼。

昔日的大海，现在变成了河川；原本是牧场的山头，如今公寓大厦坐落。遥想着这些过去，任思绪奔驰，再有趣不过了。既能成就一场小小的探究，也能感觉自己与所在地区之间的联系，获得归属感。

夸张一点，甚至还可以告诉别人：“我家的公寓，以前曾住了一头鲸呢！”如果有机会这么做，不是很好玩吗？

探究悠长的历史，是我打算要用一生钻研的兴趣。

为此阅读大量的书籍，花点心力，我都乐意而为。

如果你只是想调查城市的历史，倒是有更简单的作法。图书馆里有相当齐全的乡土历史书，各地的区公所和市政府也能找得到相关资料。

那些过往，事件虽小但连绵不断。你愿不愿意也试着从中挖掘出与自己切身相关的那一小部分呢？

○调查一下自己居住土地的历史，比较看看不久之前与遥远的过去有何变迁吧。

○可以将从历史中学习到的先人智慧，当作解决问题的线索。

轻松写信

断断续续的字句，墨色的浓淡，字里行间为文者的心意自然流露。
信，本来不就应该是这种东西吗？

有天我在“COW BOOKS”附近的代官山遇到了一个熟人。

由于我当时有事在身，对方也在赶时间，双方只是匆匆打了照面。还没好好聊一聊，便各自走散。

双方似乎都有话要说，至少我很想问候一声，了解对方最近过得好不好。于是，我写了一张明信片。

“那天赶着办事，不能好好聊聊，真不好意思。不过能见到面，我很高兴。”

也可以直接打通电话或写封电子邮件给对方，但我总觉得亲手写下的文字比较能够传达心意。

也许有些人会觉得，“这种小事，何必特地写信”。不过，我时不时会捎封短信给亲友。

如果坚持信要写得讲究、端正，写信就成了一件麻烦的事。

我觉得与其如此，不如把想到的事短短写成一行，然后尽可能多寄几封。

曾经在《生活手帖》杂志介绍过，我很喜欢野口英世[1]博士母亲的家书。

不识字的野口鹿女士请人教她写字，拿起笔，写信给远赴美国研究医学的儿子，一心期盼他早点归来。

快回来啊。
快回来啊。
为娘的这辈子唯一的恳求。
朝西边，拜一拜。
朝东边，拜了拜。
朝北边，我拜拜。
朝南边，我拜拜。

即便文章不通顺，用法有误、字句有缺漏，可是阿鹿女士的心情痛切地传达出来。断断续续的字句，墨色的浓淡，字里行间为文者的心意自然流露。信，本来不就应该是这种东西吗？

---

1. 野口英世（1876-1928），日本细菌学家，拥有“医圣”美誉。二〇〇四年起，取代文学家夏目漱石，肖像被印制在日本新版千元纸币上。

我虽然以摇笔杆为业，不过写信时我不会像写文章那般慎重。季节的招呼语用得不规范，字句不讲究，内容也没有脉络。有时不过是支离破碎的文字，就像写便条一样随意。

即便如此，我还是深信书信能够传达心意，更何况，我自己最喜欢收到信了。那些以年份区分装箱收藏的书信，是我的宝贝。

可能是某个人的生日，可能只是突然一闪念，或者是很久没和某人联络的时候，这些情况我一般都会写信代替问候。

如果每天都写一封信，大约每隔两天就可以收到一封回信；如果出去旅行也不忘写信，还能收到来自其他国家、在旅途认识的朋友的来信。

就算是公事也一样，去除直接见面的情况，我喜欢打电话胜过电子邮件，喜欢写信胜过打电话；这便是我与人沟通的基本模式。

信件翩翩，轻松往来，这样的世界该有多美好。

○如果在美术馆的礼品部看到了喜欢的明信片，就买下来夹在记事本里备用吧。

○如果在旅行地的邮局买到当地限定的纪念邮票，就立刻寄张明信片吧。

阅读旅行

为了获得知识而翻开书本，不是阅读，而是念书。
读书的乐趣在于“当下阅读的时间”。

只要花上五分钟，就能上路。我一直是以这种心态来进行阅读。

旅行和阅读，或许是同样的事情。

觉得自己的内心空间逐渐变小的时候，我会选择出门旅行。与之类似的，当我想要稍微转换一下心情的时候，会选择阅读。

不管是旅行的途中，还是阅读的时候，人都是脱离现实沉浸在孤独中，处在全然独处的状态，就算那只是段短暂的时间。

只不过去旅行需要做行前准备，也需要换洗衣物，相较之下，阅读的旅行实在轻便多了。只需翻开书页，就能一脚踏入目的地，而且无需搭飞机，只要花上几分钟就能回归日常。

我因为既经营古书店，又写文章，还担任编辑，很多人都对我说“你一定对书很熟悉，读过很多书吧”，这其实是误解。

阅读量远比我大的人比比皆是，而且那些人脑中储备的庞大学识也是我完全无法匹敌的。

至于我，常常才读完书就连故事大纲都忘了。读完书的感想以及书中的内容，对我来说并不是那么重要，因为我觉得读书的乐趣在于“当下阅读的时间”。

在我的认知里，为了获得知识而翻开书本，不是阅读，而是念书。

所以，请试着以更轻松的心情来阅读书本吧。

不必立下雄心壮志，“我一天要读完一本书”“我一定要读完××本书！”，与书的交往其实可以更自由。

请大家务必也体验一番这轻松美妙的阅读之旅。

○喜欢的书，请试着多读几遍。每次重读一定会有新的发现。

○请试着把一本书当成一个人，如此看待便能发觉新的阅读角度。

亲身经历的笔记

去亲眼目睹，然后用自己的手记下，那会比任何网站都来得可靠，成为你个人的数据库。

实际接触而来的真实体验，是一种帮助你看清事物本质的训练。

所以，出去旅行吧。上美术馆去吧。去和人见面吧。

踏出家门，用双眼去看看世界。花一些时间，让双脚踏入陌生的土地。

时时保持去亲眼目睹实物的意识，是非常重要的事。

诚然，不管是遥远异国的沙漠尽头，还是世界名画，都可以在电视上看到。何况现在只要利用网络，什么都检索得到。

媒体的发达使人即使不曾接触过实物，依旧可以获得相关知识，但那些内容说到底不过是一个概要，只是大略的轮廓，虚幻的缩影。“我很忙，只要知道个大概就行了”，像这种快餐式思维，既贫乏又让人失落。

我并不是在否定网络的作用。我对这个新媒体也保持着兴趣，甚至还想利用这个载体做些什么事，并当作必要的工具利用。

但与此同时，我也铭记在心：网络不过是众多选项中的一个，不能当成主要的信息来源。因为网络实在是太方便、太好用了，我们往往在不经意间让所有信息的获取来源都变成了网络。一想到自己可能在不知不觉中对网络产生过度依赖，我就充满警惕。

如果不接触实物，学习全仰赖快餐知识，自己的感觉机能也会开始一点一点钝化。

此外，如果是网络，记录数据时只需要咔咔地操作几下鼠标，就可以轻松复制画面，这也令我有些心忧。

因此，我的皮包里总是备妥记事本和铅笔，以便能在看到实物的当下、听到某句话的瞬间，随时都能用笔记下。认为如果是重要的事就一定不会忘记，这根本就是想当然，直接的感想和闪过的灵光如果不用笔记下来，没多久就会散落。

去亲眼目睹，然后用自己的手记下，多收集一些“亲身经历的笔记”，因为那会比任何网站都来得可靠，成为你个人的数据库。

○网络讯息常见谬误，请先具备这个认知。

○请在包包里常备喜欢的记事本和笔。

轻柔的举止

人的举止透露出来的不只是修养，
还能反映出那个人的心的状态。

把杯子搁在餐桌。关上门。摁电梯按钮。

这几个再寻常不过的举动，有人做起来优美，有人做起来却显得粗鲁。

再举个例子，放下电话听筒时，不要咔擦一声地重重放下，而是等到确认对方已经挂断了，再缓慢地轻声放下听筒。这种轻柔和缓的举止，可以催生出美。

具备良好电话礼仪的人并不少，那么生活中的每一个行动，何不都以同样文雅的举止来完成呢？

毕竟，重重地放下杯子这样的举动，一定不会发生在什么愉快的场合；相反地，看到杯子和缓地、轻柔地被放在面前，人才会感到备受礼遇。

我偶尔会在车站观察人群，目的是想知道人们在通过检票口的时候，会如何出示交通卡。

我发现有的人是使劲敲击，有的人只是轻轻触碰一下。机器机能优良，其实不管以哪种方式都感应得到，但乘客的举止因人而异，而且还反应出那人的性格，让我大开眼界。

那些通过检票口会猛敲车票夹、弄出巨响的乘客，上车后常常一屁股就重重坐在空位，座椅的震动惊吓到隔壁乘客，引人侧目；有些女乘客看似娴静，但举止却粗鲁不堪，也让人看了难过。

所谓礼节，也就是面对社会时的礼仪成规。虽然没必要做到心口不一过分殷勤的地步，至少也要在心中对邻座乘客说声“打扰了”，并安静地落座。只要这么做，不管是男性或女性，看上去都会优雅许多。

礼节和规矩不该是受制于人的事，而应该由自己来制定。譬如说法律并没有禁止在电车上嚼食口香糖，但你并没有那么做，可能是因为你觉得自己“都是大人了，还在别人面前把口香糖嚼得咂咂作响，太失礼了”，于是选择自律。

除此之外，人的举止透露出来的不只是修养，还能反映出那个人的心的状态。因为人会无意识地做出粗鲁的行径，往往是在身体疲劳、精神焦躁的时候。

其次，观察的对象也不限世人，我反倒是时常仔细观察自己。

在险些被工作和心事压垮的夜晚，我注意到自己竟敲打着公寓的电梯按键，赶紧喃喃地制止自己：“不能这样，不能这样。”

把自己的举止是否文雅，也列入自我检查的指标吧。如果发现自己举止变得粗鲁，就温柔地引导自己回归正轨吧。

在人前人后都做到彬彬有礼，是极为困难的事，但这也是件美丽至极的事。

如果每一个人的举止都能彬彬有礼，或许根本就不需要公共规范的存在。

○敲计算机键盘时、开关门时、在房间里走动时，都请放轻力道。

○轻声与优雅都是一种修养，关系密切。

双臂交抱是大忌

双臂交叉抱在胸前，其实也象征了自己的精神状态，代表自己的心正处于封闭状态。

不过是一个细微的小动作，就可以改变对一个人的印象。

只要重新审视自己融入日常生活中的习惯动作，全新的世界就会为你展开。

对此我最近有一个发现，就是不要双臂交抱。

双臂交叉抱在胸前，其实也象征了自己的精神状态，代表自己的心正处于封闭状态。

当你双臂交抱示人，你就是对眼前的对象、对自己以外的世界，关上了心门。如果每天都摆出这种姿态，不久甚至会产生“不可能有什么好事发生”的想法。

另外，与抱着胳臂一样，跷脚的习惯最好也改正过来。因为这看起来傲慢，一副高高在上的样子，对在场的人是很失礼的事。

在人前抱着胳臂和跷脚，都是很要不得的行为。

在讨论重要的事情时，如果有人摆出这样的姿势，就算他的遣词用字再有礼貌，都已是抛弃了最基本的谈话礼仪。

其次，跷脚是种装腔作势的举动，而矫揉造作，是一种不正直的表现。更重要的，跷脚还是造成骨盘移位的原因之一。

“不过，一个人的时候要抱胳臂还是跷脚，都是个人自由吧？”或许有人这么认为，但同样不应该那么做。

为什么？因为一个人私底下的态度代表了他的本性。如果独处的时候摆出傲慢的姿态，就连你的存在本身也会变得傲慢。

从前我也会不知不觉就抱起胳臂，跷起脚来。直到有一天，我惊然发现这些动作的可怕之处，在那之后我便时时留心，戒掉那些小动作。

刚开始的时候，我觉得浑身不自在，静不下心来。

不过忍耐一段时间之后，我总算如愿摆脱无意识双臂抱胸的坏习惯，现在甚至就连想跷个脚都做不好了。

○如果你有子女，请作为教养的一项规矩，禁止孩子双臂交抱或跷脚吧。

○听人说话时不将双臂抱在胸前，对方的话才能直抵你的心 。

爱护你的手脚

—

即使是眼睛看不见的地方也打理干净，
这份用心能为我们打造出精致的生活和人生。

"手脏的人，不可信任。"

这句话或许有些以偏概全。不过我常觉得，手脏了却还不以为意，是一件很粗野的事。

手在身体里肩负与人互动的重任，负责执行"触摸"这个动作。手会触摸到食物、交给客人的商品、其他人的手和脸颊，自然是越干净越好。

而且，问题不在实际上有没有触碰到。如果引起别人有一丝"不想让那双手碰"的感受，我一定会嫌恶自己，甚至觉得就连不会说话的动物、书本或水果，都在散发"不想让那双手碰"的信号。

如果站在对方的立场去想象，保养这双暴露在别人视线之下的双手这件事的重要性就能理解了吧。

此外，不只有污秽、不干净，才会被视为"肮脏"。伤痕遍布、被啃得坑坑疤疤的指甲、肌肤干裂，也会给人

“肮脏”的印象。“肮脏”就是指没有受到妥善的照顾。就算因为工作需要会伤到手，只要保养得当，手就能恢复美丽。所以，请时时不忘仔细洗净双手，修剪指甲，抹上护手霜，好好保养它们吧。

爱惜手，就是在爱惜自己的身体。留心健康，如字面所示地“动手”去保养。同样的，就像保养手那样，也不要忘了保持脚的清洁。即使是眼睛看不见的地方也打理干净，这份用心能为我们打造出精致的生活和人生。

另外，从男性的角度来看，有时看到打扮入时、脸上彩妆美丽的女性，脚跟却干燥脱皮，总不免感到失望。

当然，不管是男性女性，都应该重视自己的身体。

不重视身体和健康这攸关性命之事的人，不可信任。开头那句话如果这么说，或许就不至于太过偏颇。

○得了感冒晚上不能泡澡的时候，如果洗净手脚再休息，身体会轻松许多。

○如果拥有一双保养得当的手，不管是男性或女性，都能拥有自信。

生活中的减法

不管是拥有一个东西，还是培养一项兴趣，
都必须抱持着跟谈恋爱一样的心态。

有东西增加，就相应地做些减法。

这个简单的方法，就是仔细过生活的秘诀。

如果入手一件新东西，就丢掉屋里的一件旧东西。这么一来，你便能永远过着保有空间的生活。

“不管是拥有一个东西，还是培养一项兴趣，都必须抱持着跟谈恋爱一样的心态。”

听到我这么说，有人不以为然地笑了。尽管如此，我还是希望“如果有新欢，就和现在的情人分手”这种真挚的态度，能应用到生活中的大小事上头。与其和多个情人展开肤浅的交往，不如将自己的心交给一个人。这样的心意，不管是对人，还是对物、对兴趣，可说都是一样的。

因为，如果拥有的事物有一定的限额，就能把每一个都当作宝贝来珍惜。

所以当我开始学吉他，就把一直以来很喜欢的脚踏车给卖了。虽然常有人说“兴趣是多多益善”，但并不代表这就是普世的通则。

实际试试看之后，我发现如果不被塞得太满，自己的体内就有容纳新事物的空间。物品和兴趣虽然不会说话，但只要你真心相待，一定也会对你有所回馈。

此外，从自己当下的状态开始做减法，也是增加生活空间的方法。

就拿干洗做例子。有一天，我突然想起自己早已戒掉了每季添购新衣的习惯。将近有一年的时间，我几乎什么都没买，只穿旧衣过日子，结果非但没有造成不便，反倒觉得轻松自在。

在那之后，除非必要，否则我不买衣服。而且我还下定决心“不买需要干洗的衣服”。这么一来，我的生活就减去了“干洗”这个要素。

考虑到环保问题，坚持购买有机棉的衣物或许是好事。不过如果需要拿衣服去送洗，反倒会使用上许多药品，而且还很浪费电。

只买可以自己手洗的衣物，愿意花时间动手整烫，我想这应该才是真正地在守护自然吧。

每天都好好检查自己的生活，试着进行生活中的减法吧。

很多人也提倡过，电视是个应该减去的家电。毕竟新闻可以从报纸上知道，靠着看电视得来的心情调剂和趣味，我相信一定也可以靠你自己的力量获得。

有东西增加，就相应地做些减法。即使没有东西增加，也减少点东西。

如果自己的心保持通风良好，脚步也会变得轻盈起来。

○不只是房间，你的心是否也被不必要的东西给占据了呢？

○与其追逐流行，不如买一件质量保证，能够穿上很久的衣服吧，你说呢？

医治“不够的病”

如果跟寻常人一样工作、生活，却“没钱也没时间”，
那只能解释成他得了一种病，一种叫“不够的病”。

有两句话，我无论如何都不想说出口。

那就是“没钱”和“没时间”。

“我想培养兴趣，可是我没钱，而且我很忙，根本没那个时间”，或许你的朋友里就有人曾这么说。

没钱买菜、学习、出去旅行。

没时间做菜、休息、学习。

我觉得能够若无其事说出这种话的人，根本早就放弃了维持健全的身心。

因为如果跟寻常人一样工作、生活，却“没钱也没时间”，那只能解释成他得了一种病，一种叫“不够的病”。

当然，除非是遇上突如其来的状况或疾病，或是家人发生意外，“因为花了大笔急用金，所以没钱；因为要看护病人，所以没时间”，那还可以理解。

可是，如果是像寻常人一样生活却没钱也没时间，那状况就不一样了。

均衡的饮食，娱乐放松，学习——要做到以上几件事，并不需要花上庞大的金钱和时间，我认为如果处在身心健全的状态，一定可以筹措出这点钱，也能腾出这点时间。

可以说“没钱”的，只有还没有工作的学生。

有资格说“没时间”的，只有因为特殊理由而无法抽身的人。

只要你是已踏入社会的成年人，“没钱”“没时间”这两句话就绝不能说出口。

倘若，你脑中闪过一丝这样的念头，那就是你检视自己状态的好机会，去确认自己是不是生了“不够的病”。就像感冒时会重新检讨自己的生活和饮食习惯，一旦你觉得“不够了”，就去探究根源。只要你能找出病因，一定能够痊愈。“不够的病”并非是不治之症。

○说“不够”就像是把过错推给他人，是种可怕的行为。

○只要把“不够”一词列入禁语，就能看见新的解决之道。

金钱的种子

我不想再执着于没有意义的储蓄，
而是希望能把钱用在能让自己更加富裕的事情上。

钱这种东西，是会越用越多的。

“这个月花了不少钱”，对我来说，这是一件值得高兴的事。

不过我并不是指像投资人那样运用资产，增加财富。

只要用钱，存折的存款数字就一定会减少，可是对自己而言，那些换来的东西应该要比钱本身有价值许多。

换个说法，我不想再执着于没有意义的储蓄，而是希望能把钱用在能让自己更加富裕的事情上。这才叫真正的运用资产，在种下金钱的种子。

当我还年轻，还在漫无目的地四处流浪的时候，来往的几个成年人都告诫我：“你一定要学会怎么花钱。”

我因此清楚知道，钱必须无时无刻不谨慎使用。

虽说最好尽量花钱，但如果只是为了满足欲望，那就只是纯粹的消费。

就像肚子饿的松鼠，狼吞虎咽地吃光了金钱的葵花子，最终饥饿致死。相反地，如果把那颗种子播种在肥沃的土地上，就能开出硕大的向日葵，而向日葵又会结出许多种子。

花了十几万元去旅行，虽然未必能留下什么实质的纪念，可是如果你获得了经历和体验，增长了见闻，那就是一种培育金钱种子的投资。

买下精美的高级手表，如果只是因为“想要”的任性，或是为了弥补某个无法满足的欲望，那就像是吃掉了金钱种子，只是一种消费行为。

至于股票投资，那又是另一个问题，我并不感兴趣；房租和电费则是排除在消费或投资行为之外的基本开销；我想学习的，是运用资产来培育种子的方法。

“啊啊，真是失策！”虽然有时候也会犯错，但失败也是很重要的一种学习。

至于午餐费要如何花，仍然是一种运用资产的行为。如果买的是能够满足身心健康的食物，那就是投资；

如果只是随便买泡面果腹，那就跟把钱丢在水沟里没什么两样。

〇切记，储蓄不是目的，而是一种手段。

〇和把钱存在银行比起来，把钱投资在对自己有价值的事物上，利息要高出许多。

自己的决算表

不管是上班族，还是家庭主妇，
我们都是“自己”这间公司的经营者。

“对我而言，什么才是重要的东西？”

我认为花钱这个行为，就是对自己关于这个问题的拷问。

价值观因人而异。

就像有人就算花一千万买稀有的进口车也不觉得贵，但要他花一千日元买本旧书，他却觉得价钱高得不合理。有人买便利商店一个一百五十日元的饭团觉得贵，可是却愿意为现采西红柿付三百日元，还觉得很划得来。

只不过重点在于，千万不要满不在乎地花钱。不管是一百元或一百万，完全不去想“这东西对自己而言到底有多少价值”就打开钱包，是很危险的一件事。觉得“似乎还不错”就买下一件衣服，根本就是无视与金钱打交道的基本观念。

其次，等到重新审视自己的价值观，并确立了基本的金钱观之后，每半年一次，审查自己的财务收支情况吧。

长久之来我都自己一个人开店，所以对账务工作很熟悉。如果不定期确认收支情况，掌握财务状况，店根本就经营不下去。

不过，确认收支状况，其实对所有人都是必要的工作。为什么？因为不管是上班族，还是家庭主妇，我们都是“自己”这间公司的经营者。如果不事先掌握自己的经济状况是“财务赤字，需要向人借贷”，还是“虽然赚不了大钱，但一直都有稳定收入”，就无法掌控人生。

“不过就这点小钱，应该没关系吧”，无论是像这样凭感觉花钱；还是“真不行的话，再忍个一两个月吧”，像这样凭感觉勒紧钱包，其实都是在过走钢索的人生。

“自己现在的生活情况如何？房租多少？餐饮费呢？娱乐费和学费呢？”

像这样定期进行检查，而且每次都安心地确认自己“没问题”，就代表你过着健康的生活。

○每半年决算一次自己的财务收支情况吧。

○能掌控金钱，就能掌控自己。

CHAPTER FOUR

4

平和的晚餐

每一个今天，都要过得很用心

用触摸表达珍重

一连好几天都没有时间摸摸自己重要的东西，
也就是代表每天都一点一滴地错失了重要的东西。

珍惜物品，珍爱自己，就是在珍惜每一天的生活。

珍惜的方法，就是一天一次的触摸。方法非常简单，但却意义重大。

就像在“COW BOOKS”书店，每天我都会把店内的商品，包括摆设在店内的椅子的椅脚，全都摸上一回。

只要触摸，就能清楚了解书本或桌椅的状态。如果有灰尘就掸掉，有损伤就修理，还可以顺便整理商品的排列顺序。

就算触摸后发现没有异状，但摸与不摸，结果截然不同。通过触摸，宛如给物品注入了生命，使其也变得熠熠生辉。

另一方面，被人不屑一顾、被丢置不管的东西，不用多久便会失去生气。

我的书本和衣服都不多，因为我知道自己每天能看顾的东西有限。而从另一个角度思考，如果只拥有少数几样且经过精挑细选的物品，就有可能每天都摸上一回。

触摸，也就是在检查。

所以，自己的手脚和头发、身体的细部，也像触摸物品般一天好好摸上一回吧。仔细检查，去确认是否健康无恙。

如果一连好几天都没有时间摸摸自己重要的东西，也就是代表每天都一点一滴地错失了它们。

摸一摸自己重要的东西，向它们打声招呼吧。为了迎接明天，今天也郑重地道声“晚安”。

○如果发现有些东西一年都没碰过一次，就考虑把它们处理掉吧。

○晚上睡前帮脚掌涂上乳液，按摩一下。说一声“今天辛苦了”。

孤独是基本条件

唯有拥有在黑暗中也能一个人毅然决然行走的力量，
我们才能与擦身而过的他人构筑深刻的联系。

如果是三人以上的聚会，我便尽可能不去参加。

派对之类的活动一概婉拒，接到喝酒和饭局邀请，同样是谢绝回避。也就是说，我是个“非常不上道的人”。

我的体质对酒精过敏，也想遵循自己早睡早起的原则，所以晚上的时光我大都是和家人一起享用平和的晚餐，一个人阅读、思考，然后平静入睡，并没有什么特别的活动。

不过我不爱交际的最主要原因，其实是我原本就不善社交，要和一群人见面令我很头疼。而且，我一直认为孤独是人活着的基本条件。

人生在世虽然免不了会与他人产生关联，但不管是恋人还是家人，都不可能百分之百与自己完全契合，视为一体。人的想法决定了其行动和生存方式，而思考这件事情也无法和谁一起完成。

感受、想法、思考、选择、决定——这些形成人生本质的过程，本来就只能独立完成。我们必须勇敢地面对这个事实。

所以，我把孤独当作基本条件坦然接受。

我不会为了掩饰孤独而与人会面或与朋友狂欢作乐。相反的，我一个人思考，一个人学习，期望尽可能朝自己目标的方向前进。

当然，尽管我再习惯独处，孤独也并非永远都是我的伙伴。我也经常被寂寞、害怕、不安等恐惧情绪俘虏。

特别是工作，那是一场与孤独的战争。如果没有以一人对抗百人，与世界对峙的觉悟，就不可能完成理想的作品。

有时候，即便是独自蒙受众人的批评与反对，也必须毫不退却地抵挡下来。希望顾虑到每一个人的情绪，听取所有人的意见，在气氛温馨的讨论中做出好的企划——在现实中，这是不可能的事。

所以我并不会像悲剧的男主角，陷在“我是如此不幸，必须一个人努力”的情绪。而是认知到人生来孤独，转而去思考要如何与孤独共处。

这种态度不只存在于面对工作的时候，在生活中的各种场面都适用。

“你如何看待寂寞和孤独？”

这是一个可能很大程度上左右人生的问题。

其次，我也时常问自己：“我还能够独处吗？”

年轻时一个人在国外的生活，让我知道与孤独对峙的过程有多严苛，并从中获得极其重要的成长与锻炼。即使是一直到了现在，我仍是不断告诫自己“要保有能够独处的坚强与勇气”。

有时候，我甚至会斩断一切与他人的联系，就算被当成“怪人”遭朋友排挤，就算被批评“那家伙太不上道，真难约”，全都坦然接受。不可思议的是，这么做之后双方之间反倒有机会进行真正的沟通。因为难以启齿的事一般绝不会在酒席上提起，所以我反倒有了能够正面对话的机会。

依赖淡薄的表面关系过日子，不是比一个人独处更寂寞吗？

因为寂寞所以想亲近他人，这是依存，是依附对方的心而生。这样的关系不可能孕育出信赖、爱与友情。更何况，成群结党也不符合人类的生活习性。

或许你也抱着这种想法：出门旅行最好有人结伴同行，希望在熟悉同伴的包围下，生活在“舒适圈”里。

但何不鼓起勇气，毅然决然地放手来一次一个人的旅行呢？

“这么说一定会惹对方讨厌，觉得我很烦人吧”，如果因为总是担心着这些事，染上凡事都说“随便”的坏习惯，就赶紧努力矫正过来吧。

要接纳孤独，并贯彻自己的意见和立场。

要拥有不畏磨擦与风浪的坚强。

这样的态度，能够为我们守护安稳的生活。唯有拥有在黑暗中也能一个人毅然决然行走的力量，我们才能与擦身而过的他人构筑深刻的联系。

○偶尔就豁出去一个人出发吧，你一定能看到不一样的风景。

○试着减少一个可有可无的聚会吧，具备拒绝的勇气也很重要。

慢慢延烧的暖意

体贴与亲切，在从前是理所当然的情感，
但是对现代人却成了必须努力才能收复的东西。

我小时候很容易发烧。因为扁桃腺经常发炎，幼时我动不动就感冒、喉咙痛，时常得向学校请假。

这是发生在我小学二年级的事。那天我一如往常又发了高烧，在家中裹在棉被里休息。

由于双亲都有工作，姐姐也有事出门，以致同学都在学校准备上课，我一个人落了单。

空荡荡的家中本是早已熟悉的环境，但此时竟显得陌生，甚至有些可怕。电视也看不进去，只觉得越来越无聊。但我又还在发烧，身体使不上力，也没办法爬出被窝去玩。

就在无聊的空档，我早已不陌生的寂寞和不安又趁机跑了出来。这下子，就算尝试看书或做白日梦，也无法顺利调适心情。

就在我一个人躺在床上时，门铃响了。原来是级任导师来探望我了。

我穿着睡衣去应门，与其说高兴，更多的是紧张。因为来的可是全校最可怕的男老师。在教室里，老师总是板着脸让人难以靠近，在校外看到他感觉更是严肃，让人紧张。

然而那天，从老师身边传来鸟儿的叫声。声源的主人原来是只绿绣眼。老师单手提着一只小小的鸟笼。

“松浦君，身体还好吗？这只鸟暂时寄在你这里，等你身体好一点了，就根据这张说明书帮我照顾它吧。”

接过来的纸张上有老师棱角分明的字迹，详细记载着要如何给饲料、供水，以及清理粪便的方法。原来他是担心不能去学校的孩子一个人在家会觉得寂寞和无聊，特地带着自己心爱的宠物来探病。

当时年纪还小的我看到绿绣眼来探病，简直兴奋极了，甚至连自己还在发烧都忘了。

绿绣眼十分小巧，羽毛就像莺饼[1]一样呈黄绿色，有一圈白色眼环，体形圆滚滚的。平常时候啾咿啾咿地叫，不过在繁殖期时有时会拉长音调，变成“唧——啾咿唧——啾咿唧——”。

1. 莺饼，一种日式甜点，以糯米皮包红豆馅，表面再撒上青豆粉。

撑开羽翼的模样也可爱极了，我看得入迷，怎么都看不厌。

明明看电视觉得无聊，但观察绿绣眼却对年幼的我有一种莫名的吸引力。等到身体好了一点，我便仔细照料它，还为它作了画。

不久等我退了烧，能够去上学，我便把画送给老师。当天傍晚，绿绣眼就被带回了老师家。

即便没说什么慰问的话，但老师把自己心爱的宠物带来探病，还留下它陪伴我。那份温情，直至今日回想起，仍在我心里升起暖意。虽然已经是三十多年前的事，但绿绣眼粪便的味道、它那圆溜溜的眼瞳，至今依然让我记忆犹新。

人对于自己讨厌的事情很容易遗忘，可是受到过的亲切对待和温柔记忆，却始终不会褪色。不过，与其将这份温情原原本本地回报给老师，我更希望自己能像老师那样亲切地对待他人。

我想要让这份温柔与真诚在生活中日复一日地循环。

如果大家愿意这么做，就算不靠金钱与得天独厚的环境，一定也能以其他的方法找到幸福。体贴与亲切，在从前是理所当然的情感，但是对现代人却成了必须努力才能收复的东西。

听说有个大富豪在借钱给一个穷学生时这么说了：

“你不用还钱给我，等你进了社会，有能力借钱给别人时，再把那些钱借给需要帮助的人。”

他的这番话说得实在太好了，不是吗？

数十年过去了，我在同学会上与老师再会，并郑重地为了绿绣眼的事道谢。我告诉他当时自己有多高兴，得到了多大的安慰。结果老师对我这么说：

“那只绿绣眼已经死去了，不过你小学时画的那幅画，现在还裱在画框挂在我家墙上呢。”

又一次，我的心接收到了温暖的礼物。

○受到亲切的对待不一定要报答对方，你可以将那份恩情回报在其他人身上。

○真正的亲切是不求回报的，是站在对方的立场，真心为对方着想。

做选择的训练

做选择的特训，也能培养直觉，磨练自己的想象力。

点菜总在瞬间决定，东西要买与否总是当下定夺。

刚认识我的人，常被我这一点吓一跳。

在餐厅点菜我从不犹豫，逛街选衣服时也从不曾迟疑。在看到的瞬间，我便知道该怎么选。这不仅是我私底下的作风，在公事上也是一样。

这个提案是要做或不做，那个人要不要与他交往，下次休假是要去旧金山还是纽约；不管什么事，我总是瞬间做出决定。

养成这个习惯大概是童年的时候。我小时候很喜欢画画，母亲每次带我去百货公司的美术展便会这么对我说：

“来吧，就想象成是要买回家装饰家里用的，选一幅你觉得最适合的画。”

当然，那些画作的金额不是我们家负担得起的，不过只要想成是要装饰自己房间用的，看画时就忍不住认真起来。比起毫无头绪地看完一百张画作，以要选一张画给自己的角度来欣赏，就能跳出喜好的层次，进而磨练判断力。

至于逛完美术展后要请爸妈买哪一张明信片给自己，这又和选画的角度不一样，但对我而言也是一个需要认真看待的选择。

去玩具店也一样，每次我都在想要选哪辆玩具车好，非常认真地做了选择。虽然父母很少买东西给我，往往最后都来一句“下次再买吧”。不过为了那个下次，我还是会认真挑选。

在不知不觉间，父母为我进行了做选择的特训，这成了我踏入社会后的资本。常有人说我工作效率高，但我想这并不是因为我动作快或下笔快，而是我下判断的速度快吧。

不管是生活还是工作，都是一连串的选择。如果就连要不要和某人去吃午餐这种小事都犹豫不决，不管对自己或对方都会造成负担。一直同时抱着“YES”和“NO”钻牛角尖，想以自在的节奏过生活也成了难事。

特别在工作上，如果迟迟不给答案，总是要求别人“再给一点时间”，那势必会打断工作的节奏，给一起合作的人添麻烦。

一直到现在，我都持续在进行做选择的特训。

譬如说搭电车的时候，我会环顾四周，然后在心中设想："如果在这节车厢中挑一个人做朋友，我会选谁？"；假日看到中古屋的夹报广告，就算没有要买的打算，我也会试着去想："我要买哪一间？决定的关键原因是什么？"

这些不但是做选择的特训，同时也能培养直觉，磨练自己的想象力。

或许是特训有了成果，当我站在一家像极了仓库的美国古书店，面对眼前庞大的书山时，我总能迅速找出自己中意的书籍。因为我能瞬间看出"在眼前这座书山的哪一个角落，一定挖得到宝"。

阅读的时候也一样，我总能立刻就在整本书里找到自己需要的那句话。

不过比较令我头疼的是和人一起用餐的时候。因为我总是一不小心就连对方的份都擅自决定好，这点我得好好注意才行。

○请务必切记，如果不决定是"YES"还是"NO"，会造成对方和自己的负担。

○生活中处处可见做选择特训的题材，试着找出来并练习看看吧。

舍弃“苟且”的态度

越是忙碌的时候，越应该认清真正重要的事是什么。

每个人都会遇上特别忙碌的日子。

像是提交资料的截稿日，或是在一天之内必须清洗大量的衣物、完成衣柜的换季等状况。

遇到这种情形，恐怕你会将全副精神都集中在眼前“最忙的那件事”吧。把那件事视为最优先，至于其他的事则敷衍了事。

想象一下，你忘我地在电脑前飞速打字，同事苦着一张脸来找你时也只是随便答复；或是你一门心思地整理衣物，不管孩子问什么都心不在焉，一味敷衍应付。然而，这么做真的好吗？

或许你会觉得“总比置之不理要好吧”。况且，乍看之下，苟且了事似乎不会造成什么重大后果。

可是，究竟对你而言，整理资料和你的工作伙伴，哪一边比较重要？

对你来说，替衣柜换季是应该比照顾孩子更优先的事情吗？

越是忙碌的时候，越应该认清真正重要的事是什么，养成确认优先顺位的习惯，否则事态渐渐会演变成可怕的局面。“苟且”的次数逐渐积累，一点一点地侵蚀你的生活，不知不觉间你的世界可能全变了样。

与其苟且应付过去，我倒宁愿自己因为埋头工作和同事起了争执，或是孩子受到忽视哭闹起来。为什么？因为这时候你便有机会放下手边的工作，痛苦地意识到：“这下麻烦了。”

如果顺利敷衍过去，表面上虽然好似安然无恙，但水面下却已经开始受到侵害，这才是可怕的事。

就拿书店“COW BOOKS”的例子来说，有时候店里一忙，员工可能顾不得抬头，低着头就向顾客打招呼。

“欢迎光临，谢谢惠顾。”

虽然依旧出了声，可那已经不是“问候”，不过是“声音”。如果接受苟且行事，有出声或许就算了事，可是我们想打造的应该不是这种随便的书店才对。

假使索性完全不出声，待客不周的缺点便会浮上台面，相反，如果嘴巴上念得若有其事，过失便会被模糊和掩盖。

人每天都被各种事情推着走，要时时不忘重要的事确实很难做到，所以，我时不时会放下手边的事，去思考应该要怎么做。

要改掉苟且行事的毛病，最好先暂停一下手边的事。

像在“COW BOOKS”，全体员工会针对工作方式进行讨论。

而我们得出结论，对店里而言最重要的事，不是顾及员工整理商品的方便，而是要打造出一个让顾客得以与书本相遇的环境，以及服务客人。

于是我们便很认真地设想在工作忙碌时要怎么做才不会轻慢客人，并尝试去执行。就在这个过程中，我们顺利改正了一个个苟且的行为。

不管是家庭或职场，我想都是一样的。请时时去检查，自己是不是以苟且的态度来对待真正重要的事物。人与人的纠纷大都能靠沟通解决，所以，请一起停下脚步好好聊聊吧。

○请重新审视自己是否把重要的事当成理所当然来对待。

○寻常小事也用心做好，就成了特别的事。

不把“麻烦”挂在嘴边

我们必须有所自觉，
为了追求效率和便利自己失去了什么。

如果想活得快乐、幸福，就不要说麻烦。这是理所当然的事，却常常容易遭遗忘，而我希望大家都能时时记起。

接到重要的工作时，回答“麻烦”是绝不被允许的一件事。大部分的上班族在工作上都能遵守这个原则，可是为什么换成是其他更重要的事，却能简单以一句“麻烦”回绝呢。

“麻烦”这个词，我觉得不只是工作上，在生活中的大小事上头都不可以说，甚至连想都不能想。

这个社会已经没有麻烦的事，变得越来越便利。大部分得花时间做的事情，都已经发明了新方法，得到了改善。不断的进步，也造就了社会的潮流。

然而，便利是把双刃剑。大家应该也要注意到了，便利的东西用得越多，乐趣也会逐渐溜走。我们必须有所自觉，为了追求效率和便利自己失去了什么。我们或许正面临这样的时刻。

所以请每一天都用心地生活吧。好好思考要花时间做什么事来度过那一天的时光。不要因为麻烦而作罢，尽管去花费劳力和时间吧，如此一来你一定可以找到虽小但最纯粹的喜悦。

不是发电子邮件，而是选择写信。写信虽然麻烦，却是快乐的事。

不要买现成的菜肴回来，而是自己做饭。做饭虽然麻烦，但却是快乐的事。

不搭直升机而是自己爬上山，虽然麻烦，但能看见只有用自己的脚登上山顶才能目睹的特别景致。

去克服“麻烦”这件“不容易的事”。日复一日的积累，便有最棒的奖励在等着你。

○不要把打扫、做菜、问候、留意仪容当作麻烦的事，请用心地去做好。

○用心地去做好麻烦的事，那便会成为你那天最重要的事。

想做的事与应该做的事

你是想要一瞬间的短暂快乐呢，还是想朝着理想的自己前进呢？你的选择将会改变你。

想做的事，就尽管去做。一般人普遍认为这是好事，但真的是这样吗？

“想做的事”虽然是从自己内心涌现的真实感受，但我不认为那一定就是重要的事。请试着想象看看。

在一张大地图上，拇指大小的自己正走在其中，然后你从外侧旁观。看得到整张地图的你能够看到终点，可是地图中拇指大的自己却只看得见眼前的路。

途中看到了一串美丽的紫色葡萄，拇指大的你想吃，便停下了脚步。吃完葡萄，再次迈出脚步，然而这回右手边又出现一座看起来很好玩的游乐园，拇指大的你想小玩一会儿，便又靠了过去。

一路上不断闲晃逗留，虽然玩乐的瞬间很快乐，却迟迟无法抵达终点。

就如同以上的状况，在“想做的事”当中混杂了许多和终点没有关系的欲望。喝酒、狂欢、血拼——这些虽然是自己的心涌现的念头，但并不是重要的事。

另一方面，“应该做的事”则是为了迈向终点、帮助自己成长必须要做的事。自始至终都应是你自主的行动，不应该是工作指标或有人强制你“不得不做的功课”。回到大地图的例子，拇指大的你眼前出现了一条河，有时即便没有船你也必须游过去，否则无法接近终点。对我而言，“应该做的事”就像是这种情况。

要做一件事之前，你最好先清楚认知那个行动对你而言是“想做的事”还是“应该做的事”。

此时此刻，你是想要一瞬间的短暂快乐呢，还是想朝着理想的自己前进呢？你的选择将会改变你。

○请试图体会简单得来的快乐和付出辛苦之后的乐趣有何不同。

○消遣就像偶尔得到的点心，并不能当成每天的正餐。

自己的用途

不要抱着“想做什么”的预设想法，把自己单纯当作工具，
以看待他人的冷静视线来审视自己。

“我想做的事，都不让我做。”会撅着嘴这么抱怨的，并不只有小孩子。从成人嘴里吐出的不满和牢骚，布满世界的各个角落。

还有人会抱怨“都遇不上能够让我成长的机会”。

然而，不管是工作还是人生的各种场合，做起来有成就感，又能使自己成长、适合自己的工作，本来就不可能自己送上门来。

如果只是等着别人吩咐你“做这、做那”，希望那件事碰巧是适合你的工作，可能性当然很低。

说起来，等待机会就像在等待一个能够完美操控自己的人。这种“等待的时间”自然不会愉快。

但是，也不是自己主张说“我想要做××”就行得通。

“想做的事”和“真正能做好、能帮得上忙的事”是不一样的。

尽管对“我想做那件事”怀抱憧憬，但实际尝试后很可能你并不喜欢。

哪怕想着“这件事我能做好”，但这工作可能并不适合你。

你首先要做的，应该是把自己看作一件工具。

不要抱着“想做什么”的预设想法，把自己单纯当作工具，以看待他人的冷静视线来审视自己。

举例来说，你觉得自己是平底锅呢，是砧板，还是土锅？

仔细地观察，然后尽可能正确地理解自己。要做到这件事，你最好试着去想在家庭、公司、小区、社会，在与所有人的关系之中，你自己这件工具能派得上什么用场，能做出什么贡献。

当只平底锅或许感觉光鲜又帅气，可是如果自己只是土锅，自然无法担负平底锅的任务。

别人命令你“当把菜刀”，但你只是双筷子，自然当不成菜刀。

工具如果搞错用途，不仅无法派上用场，如果勉强使用，甚至可能导致工具损坏。

化身工具的自己，去找寻“如果是这件事，我派得上用场”的工作。我认为这才是真正的自我主张。

当然，就像土锅除了可以用来煮饭，还能用来和大家一起吃火锅，自己这个工具也不只限一个用途。就像有人“既可以当菜刀，也可以当砧板”。

其次，看你是在生活或在工作，你身处的环境也可能决定你变身成什么工具。再说，每个人都处在“朝终点迈进的途中”，随着时间过去，从前是汤勺的人现在也可能变成了烤箱呢。

比起想做的事，不如去做能帮助到别人的事吧。

此外，也请尽可能积极地去思考不同工具的用途。

○好好观察，缜密思考，仔细推进。没有比这更好的作法。

○为了使自己这个工具能够被选中，要时时保养不要懈怠。

了解你的构造

每个人每天都会接到许多超出负荷的要求，
正确的判断，既能保护你自己的生活，也能保护对方。

自己只是一个普普通通的人，不是力大无穷的大象，所以不可能搬得动数吨的货物。

但究竟自己搬得动多重的货物呢？事先知道自己的负荷量，是非常重要的事。

举例来说，交友的负荷量，持有物的负荷量，工作的负荷量。

在前文也已经提过，人不应该胡乱与太多的人交往，建立随便的人际关系，也不要拥有数量超出自己管理能力的物品。

相同的，在工作上也是一样，绝不能当自己是永不会损坏的机器。

譬如说，如果自己只配备了一千五百CC的引擎，却想方设法地试图跑出二千CC的速度，结果只会给自己的心和身体施加超越承受能力的重压，最后落得生病的下场。在责怪公司和其他人之前，或许应该再一次确认是不是真正掌握了自己的负荷能力，是否管理好了自己的健康。

更何况，人本来就是一种被要求的生物。

公司会要求你做许多工作。家人以及其他人的关系，也会各自要求你配合扮演各种角色。在各个方面，每个人每天都会接到许多超出负荷的要求。

至于要如何响应、是否要响应——正确的判断，既能保护你自己的生活，也能保护对方。

在日常生活中观察自己，去了解自己的构造吧。这么一来，你也能清楚自己的负荷量，不用再勉强。冷静地观察自己身体的设计、能力的设计，然后，用心去理解。

我常做一个练习，就是仔细盯着镜子。因为脸色和体形可以显示出一个人的健康状况和心情状态。

而我观察自己的结果，得出了一个结论，那就是“不过剩”的状态比较适合我。常有人说吃饭只要吃八分饱，而我决定不管是睡眠、工作或是人际关系，都只要做到八分就好。我的生活也因此变得更自在。

不暴饮暴食，不废寝忘食地工作，不贪睡；就算玩得再开心，也要有所节制。

这样的秩序，替我调整出一个最适合我这个人的构造的生活。

偶尔，也花点时间了解你自己的构造，去找出与你最契合的生活习惯吧。

○二十多岁时勉强得来的事，到了三十多岁、四十多岁便可能行不通。自己的构造是会产生变化的。

○不只是照脸，请准备一面照得进全身的镜子，然后时不时去确认自己的构成。

彻底的休息

事情总有能够克服的一天。
等到克服了，人便会不可思议地变得更强大。

沮丧的时候，我会让自己沮丧到底。

带着要坠落到深渊的觉悟，一个人躲起来。有时候为了隔绝外界的纷扰，还会逃到“避难所”展开一趟避难之旅。

很多时候，人会想哭。甚至有些时候，人会想死。我是一个成人、一个父亲，是社会上的一分子，但我也是个有血有肉的人。绝大多数的人都是如此。所以，痛苦时根本不必去粉饰太平。

觉得闷闷不乐，就放自己休假去吧。

也许要花上一星期，也许要十天，就当作身患重病，名正言顺地给自己休假吧。人要活着最基本的要素就是“自己”，所以以自己为优先、去珍惜自己，并不是任性自私的举动。

心理疾病有药可医，周遭的亲友也会提供关怀打气，然而最后能救你的，终究只有你自己。掉到地狱深渊的那一刻，除了自己，没人能助一臂之力。

所以沮丧的时候，不要借酒消愁狂欢解闷。

伤心的时候，不要忍住眼泪强颜欢笑。

不要因为觉得自己是成人了，就摆出一副无所谓的表情，什么都强忍下来。

哀叹吧。悲伤吧。放声号啕大哭吧。

就像身体不舒服的时候，强忍吐意也无济于事，把积压的苦闷一口气吐出来吧。然后等到眼泪干了，再与最害怕的那件事——内心怀抱的黑暗——面对面，事情总有能够克服的一天。等到克服了，人便会不可思议地变得更强大。

每次看到朋友遇到了烦心的事迟迟无法看开，我便会这么对他说：

“那是你还没哭够吧，你是不是在勉强自己什么呢？”

对了，那你呢？最近，你好好哭过了吗？

○先找好一个沮丧的时候可以躲进去的避难所吧。不管那是一本书，还是附近的公园。

○要正视自己是件可怕的事，但是绝对有鼓起勇气一试的价值。

不“顺便”为之

不贪心，不“顺便”为之，
是我为了保持心的洁净所做的努力。

如果有人要分东西给你，你会拿两个还是拿一个？在生活中，常会遇到这种状况。

举例来说，现在眼前有看起来很美味的甜馒头，你要拿两个也不是不行，但也可以只拿一个。遇上这种情况，我会尽可能留心只拿一个就好。因为如果连对不是真心想要的东西都起了贪念，我想可能会遭报应的。

基于同样的理由，我也禁止自己“顺便”做某些事。

具体地说，像是为了杂志的采访工作到国外出差的时候，其实大可顺道一起处理其他事。尤其像我同时在做好几种工作，很多人认为不必想得那么死脑筋，甚至还有人这么说：

“就算是采访工作，又不是从早到晚都没有休息的时间，如果是去美国，不是可以顺道逛书店淘一些二手书吗？”

然而，那次的采访是出版社出钱，我是为了出版社的任务专程去的。所以就算有多余的时间，如果为了自己的利益“顺便”去做其他工作，我认为是很不可取的。

在那种情况，我会选择不踏进书店半步直接回国——这便是我不贪心的态度，也是我为了保持心的洁净所做的努力。

现在举的是我自己的例子，不过我想日常生活中也有很多类似的状况。像是要赶赴一件紧急的工作时，并非出于必要，只是因为自己累了一天就选择搭出租车前往，却向公司申请报销出租车费；或者，为了小区活动向居民募捐，却从募得的款项中拨出慰劳工作人员的果汁钱。这些虽然都只是小事，可是如果为了这些小便宜而变得贪心，甚至可能会影响一个人的品格。

基于同样的心态，如果很多人都伸手去拿馒头，我会选择等到最后再出手。为了满足自己的贪心而不顾别人的感受，不会有什么好结果。

不过反过来说，那也是因为能让我做到那种程度的事并没有那么多吧。

○你能确实做到公私分明吗？以严格的态度来约束自己吧。

○不要贪心，礼让他人，你便能得到真正想要的东西。

愿望这种魔法

强烈的意愿搭配上均衡的执行能力，
我想没有什么事是办不到的。

有时就算准备一百万种手段，也没办法完美做好某件事。

常常发生一种情况，工具、方法、执行力都齐备了，可是事情就是不能向前推进，成效无法达到预期，或者无论如何努力都无法完成。

像这种时候，我会许愿。

“这件事绝对想要做好！”

深刻地、强烈地、铭刻在心底般许下心愿。不过与其说是向神许愿，我觉得更像是希望激发潜藏在自己心底的那股未知的力量。

许愿这个举动，能够催生出巨大的力量。只要有强烈的意愿搭配上均衡的执行能力，我想没有什么事是办不到的。

从这个角度看，我相信许愿就是一种魔法。

在我至今为止的生涯中，只要是真心想做的事，大致都能如愿。“许下心愿，然后行动，一切都能尽如己意”，许愿就是有这种魔力。

我这么说，可能会让有些人误解成坊间流行的“只要许愿就能心想事成”的风潮，不过我认为愿望是有洁癖的。

譬如说，如果对“想赚大钱、想得到名画、想受异性欢迎”这类单纯的欲望用上许愿的魔法，我觉得根本是一种许愿的亵渎。

就算是再无稽、再细微的事，只要诚心许愿，展开行动，一定就能实现。正因如此，如果把魔法用在“希望今天晚餐吃牛排”这种根本用不着许愿的无聊小事上头，同样不可原谅。

你或许在想“何必那么偏执、那么死脑筋”呢？但我想不管是谁，都会觉得心中珍贵的祈愿是神圣的才对。

为了重要的事，请好好珍惜使用魔法。“为了达成这个心愿，请让我使用一下魔法”，许愿时在心中抱持这份谦虚的心意，这就是使魔法永保魔力的秘诀。

○将你真心盼望能够实现的心愿，明确地写在纸上吧。

○强烈的心愿会转变为魔法，激发出让你行动的能量。

纯粹的爱恋

与某人相遇，产生好感，觉察到自己的情感日渐升温，
在向对方传达自己心意之前的昂扬感，有时甚至会超越表白的瞬间。

喜欢上一个人，就叫恋爱。

我觉得人应该永远都保持恋爱的感觉。

不管你几岁，是否结了婚、有没有生小孩，或是拥有恋人和伴侣，只要你对人动了心，就不要压抑那份感情。

“这个人真有魅力，好喜欢啊。”

听到自己的心如此喃喃告白，我认为不必按捺节制。自己的心还能感觉得到悸动，反倒要珍惜、怜爱。如此一来，每一天的生活也会过得更开心吧。

当然，如果你有进一步行动的打算，那又另当别论了。

假使，把男女之间的交往定义成“有肉体关系”，不管这是过程还是目的，都是一个阶段的终点。而“向对方表白”，应该也可以定义成一种终点。

并不限于男女关系，过程比抵达终点更有趣的事，其实要比你我想象得还要多。就像开车兜风，乐趣是在抵达目的地前的路程；做菜常做到一半就感觉饱了，那也是因为切菜、调味的过程与品尝同样意义重大。

基于同样的道理，与某人相遇，产生好感，觉察到自己的情感日渐升温，在向对方传达自己心意之前的昂扬感，有时甚至会超越表白的瞬间。

两人单独见面、谈话，希望更熟悉、亲近对方，怀抱着忐忑不安的心情和对方说话时的那份纯情与悸动，或许比缔结肉体关系的那一刻还要灿烂。

当然，恋情在两人交往、建立肉体关系之后，还有更快乐的后续在等待着，可是如果你这时已经有了伴侣，希望更进一步就可能会引发其他问题。像这种情况，何不选择既不扼杀自己的感情也不以肉体关系的终点为目标，只是单纯享受那种状态呢？

没有终点的恋情，和不求回报的爱很相似。没有吸引对方注意或希望对方爱上自己的欲望，就像不要求任何“抵押品”的交易，是种纯粹的感情。

我喜欢这个人，他好棒，只要想到他自己就心跳不已，精神百倍。这种心情就像馥郁的香气，会弥漫在你生活的每个角落。

无法传达给对方的，不，甚至连表白的念头都不存有的百分之百的单恋，也就是百分之百纯粹的爱情。

长大成人后，要在生活中找到无偿、纯粹的东西会变得越来越难。就把那份感情视为唯一不去染指的“纯粹事物”，把它当作自己的财富也不错。

健全的恋情可以为人生增色，带来莫大的愉悦，本应是件值得期盼的事不是吗？

不过也不必为此特意去找对象，只要在遇见时不要抹杀自己的感情就行了。如此一来，即便对方是电车上萍水相逢的陌生人，也可能和他谈场纯纯的恋爱呢。

○不管你是否结了婚，年纪多大了，恋爱都是件美好的事。

○请珍惜那种雀跃不已的心情，并将之转换成平日行事的勇气吧。

变身空无的练习

拥有自己独门的放松方法，
便可以增强自信。

我不喜欢思绪被日常琐事给占满，我喜欢自己的心随时都留有一定程度的空间。这是我的基本状态，也是我放松心情的方法。

读了介绍冥想法的书后，我找到了适合自己的想象引导方法。在这个基础上又加进了一些自己的做法，并且常在睡前执行这个动作。

这个方法可以平复纷乱不已的心，温和地清理出心的空间，请容我在这里介绍一下。如果是白天，你也可以轻松地坐在沙发上进行。

首先，躺进被窝，闭上眼睛。然后，开始想象自己心里的风景。

一天之中，一定会有许多事进驻到你的心里吧，像是工作或生活中大大小小、各式各样的事情。就趁这个时候，一一去检视。

“心里的房间是塞得满满的？还是留有空白？”

如果有空白，心情应该很轻松，想必很快就能入睡。不过当没有空间的时候，问题就来了。精神受到压迫时，心里的房间会被塞进很多东西，变得乱七八糟，甚至分不清到底放进了什么。这种时候，就试着这么问自己：

“我是不是把应该做的事和想做的事给搞混了？”

“是不是被某人或某件事影响过深，以致自己的节奏和秩序被打乱了？”

“是不是忘了自己这个人的构造，再超负荷地勉强自己？”

一一回答这些问题后，就转而切换心中的画面。

一开始，先想象自己在一座高山的山顶，坐在一处略微凹陷的洼地。你处在非常高的位置，不低头就看不见云气。那些云气在遥遥的下方，缓缓地、轻飘飘地流动。

只有你一个人坐在那里，四周万籁俱寂。

视野里是一片云都看不见的天空。你能感觉到的，也只有屁股下山顶的洼地。

渐渐地，感觉开始消失了。首先是与地面接触的臀部感觉消失了。臀部一点一点地浮了起来，身体也变得很轻，飘上了天空。

在空中飘啊荡的，身体完全放松，感觉很舒服，索性就躺在天空休息吧。

横躺着伸展手脚，闭上眼睛，你已经看不见天空。感觉到的，只有舒服地飘浮在天空的感觉。

接下来就好玩了，请想象你的手脚开始脱离你的身体。一点都不疼，宛如被风吹散的云一般，想象你的手和脚轻飘飘地自身体飞离。脱离的手脚轻柔地飘动着，不久化作了细小的碎片被风带往远方，融化在天空中，消失无踪。

手脚消失后，身体变得更轻，你还是轻飘飘地浮在空中，觉得很惬意。然后，这次轮到了身体，腰部以上和腰部以下同样轻轻地分了开来。身体之后，轮到头部脱离。

你的身体越来越小，越来越小，成了一块一块。不久，就变得像雪白的洋葱末般细小，然后又缩成一片雪花大小，又变得像云的微粒，然后，不知从哪里吹来了一阵风，把你吹得不见踪影。终于，身体全部消失了。不过，飘浮在天空中那种舒畅的感觉还残留着。就感受着那份舒坦，进入梦乡吧。

以上，就是我推荐的化身空无的练习。

○一开始或许无法进行得很顺利，不过只要持续练习，就能抓到快乐的诀窍。

○如果拥有自己独门的放松方法，便可以增强自信。

无我的幸福

虽然现在得每天汲汲营营过日子，
但人生最终的目标并不在这里。

我虽没有宗教信仰，但我并非无神论者。

宗教传授众生幸福的方法，不管是佛教、儒教、基督教，还是伊斯兰教，教义说法虽不同，但我认为他们宣扬的或许是同一个真理。

我身为日本人，最熟悉的宗教是佛教，而佛教教义中的最高境界“开悟”就是要认识自己的本来面目。或许这也是其他宗教追求的境界。

为了学习先人的智慧，我时常会阅读佛法书籍。从佛陀留下来的智慧中，与我最契合的佛法是“八正道”，也就是正见、正思维、正语、正业、正命、正精进、正念，以及正定。

除此之外，深深铭记在我心的，则是佛陀即将圆寂前，弟子聚集前来听师父最后说法的故事。

当佛陀坐下来准备开示时，那些与他一路奔波的弟子纷纷围上前来，包围住他。为了不听漏师尊开示的一句一字，众人莫不拼命地挤近师父座下。

但是，佛陀叱责了那些弟子。

“你们全挤在我身旁，那些站在远处的寻常百姓不就听不见我说法了，我想说法给他们听，他们或许也想听我讲。你们要先学的，应该是自制，看看能除去多少我执。”

这个故事深深打动了我。在每一天仔细过生活的日子里，我期待未来有一天自己也能了悟这个教训。

人活在这世上，总是在心中祈愿“想做这、想做那”。

与人相处的时候，人也难免会提出自己的主张，自我意识会不自觉地抬头。

活出自我，表现自己，实现自我，一般人都认为这就是人生。就拿我来说，我也有过类似的经历。毕竟我们不是生活在深山僻地，或许可以说，这也是无可奈何的事。

虽说不想与人竞争，但有时不得不竞争。

虽说不想与人争战，但有时为了保护自己不得不挺身反抗。

然而，就算现在得重复着这样的生活，但在未来会有个更宽广的世界——无我的幸福——在自己面前展开，这不是很美好的一件事吗?

我希望知道,虽然现在得每天汲汲营营过日子,但人生最终的目标并不在这里。而且,如果有个更值得一探究竟、自己未知的崇高精神世界会在遥远的未来为我们打开大门,以那个更加开阔的美好世界为目标,我们不就可以再次振奋地踏上旅途吗?

为了认识自己而努力活着,未来则带着无我的幸福。那无垠的未来,或许就在明天等着我们。

○要做到屏除自我是件困难的事,但突破之后一定能看见唯有亲身经历才能见到的风景。

○如果想要用心地度过长长的人生,那就先从用心地度过今天的此时此刻做起。

后记

想以等不及明天到来的心情，说“晚安”

我父亲收集了许多彩票。

全都是没中奖的彩票。父亲似乎是把数十年没中奖的彩票给珍藏起来了。

感到不解的我有一次问父亲原因，他如此回答：

“如果把没中奖的彩票轻易丢掉，感觉以后永远都中不了。”

或许那些没中奖的彩票，对父亲而言就像是护身符一般的存在。

我不买彩票，我的护身符则是一直以来吞下过无数次的、许许多多可耻又可悲的失败。

而我把失败和成功全都收集起来，并一直在寻找“下一个大奖”。

直到好长一段时间过去，我才发现人生其实并没有所谓的没中奖的彩票，因为失败和成就互为卡片的正反两面，二者其实相辅相成。

举个例子，我高中辍学后在美国流浪过几年。在当时，这是“失败”，甚至称得上是我人生的灰暗时期，可是没想到就在不知不觉间，这段经历竟成了构成现在这个我而必不可少的宝物。

将表面是“失败”的卡片翻开，就露出了哪怕成就虽小但显示着“成功”的另一面。在人生的旅途上，点点散落着一张张的卡片，就将那些卡片连成一条线吧。

用心地度过今天，就是将卡片翻转过来的方法。

也是将一张张散落的卡片连成一线的方法。

更重要的，我认为这也是使自己日日更新的方法。

我很不喜欢被贴标签。被人以头衔称呼，感觉就像被人强行当作零件似的，令我想拔腿就逃。我希望自己不是父亲，不是总编辑，不是经营者，什么都不是。只是原原本本的“松浦弥太郎”。

没有商品名，也没有华美的包装和品牌，我想当“今早现采的产地直送商品”，不贴上标签，直接将最赤裸的自己送到明天。

为了办到这点，我希望自己每一天都崭新如初。淌着汗水努力生活，我希望由此找到为自己打气的方法。我不想只是听从伟大的人的意见，我想用自己的双脚去找，用自己的双手去抓住。我想，有这种想法的应该不只有我才对。

从这层意义看，这本书里的内容不过是我个人的见解。

或许，在你心中也有一本相似的秘笈。这次虽然由我代表出书，但下一个将内容加工、催生出更好的作品的，或许就是你。

据说美味的料理最早是经过口口相传的，这过程中风味渐渐改变，变得越来越美味，最后味道才臻至完美。

世界各地的餐桌上头摆着各有差异的美食，你招待我到你的餐桌，我招待你来我的餐桌，这样你来我往。如果，人生的智慧、巧思与新发现也能趁此机会得到交流的话……

看来，今天我也能以等不及明天到来的心情道“晚安”了。

松浦弥太郎

Originally published in Japan in 2008 by PHP Institute,Inc.
Chinese (in simplified character only) translation rights arranged with PHP Institute,Inc. Japan.
through CREEK & RIVER Co., Ltd. and CREEK & RIVER SHANGHAI Co., Ltd.
著作权合同登记号：18-2013-243

图书在版编目（CIP）数据

今天也要用心过生活/(日)松浦弥太郎著;张富玲译.
—长沙:湖南人民出版社,2014.9
ISBN 978-7-5561-0534-2
Ⅰ.①今… Ⅱ.①松… ②张… Ⅲ.①散文集-日本-现代 Ⅳ.①I313.65
中国版本图书馆CIP数据核字(2014)第231676号

今天也要用心过生活

[日] 松浦弥太郎 著　张富玲 译

出 版 人　谢清风
出 品 人　陈　垦
出 品 方　中南出版传媒集团股份有限公司
　　　　　上海浦睿文化传播有限公司
　　　　　上海市巨鹿路417号705室（200020）
责任编辑　陈　刚
书籍设计　张　苗
责任印制　王　磊
出版发行　湖南人民出版社
　　　　　长沙市营盘东路3号（410005）
网　　址　http://www.hnppp.com/
经　　销　湖南省新华书店
印　　刷　河北鹏润印刷有限公司
版　　次　2015年1月第1版
　　　　　2018年6月第1版第11次印刷
开　　本　787mm×1092mm 1/32
印　　张　5.5
字　　数　83千字
书　　号　ISBN 978-7-5561-0534-2
定　　价　32.00元

浦睿文化
INSIGHT MEDIA

出 品 人：陈　垦
策 划 人：余　西
出版统筹：张雪松
编　　辑：张逸雯
装帧设计：张　苗
封面摄影：松浦弥太郎

浦睿文化 Insight Media
投稿邮箱：insightbook@126.com
新浪微博 @浦睿文化